Der Hobby-Imker

Robin F. A. Moritz

Der Hobby-Imker

FALKEN

CIP-Titelaufnahme der Deutschen Bibliothek

Moritz, Robin F. A.:
Der Hobby-Imker / Robin F. A. Moritz.
[Zeichn.: Gerhard Scholz]. –
Niedernhausen/Ts.: Falken-Verl., 1988
FALKEN Bücherei
ISBN 3-8068-0978-X

ISBN 3 8068 0978 X

Titelbild: Angermayer/Pfletschinger, Holzkirchen
Zeichnungen: Gerhard Scholz, Dornburg

Satz: LibroSatz, Kriftel bei Frankfurt
Druck: Zumbrink Druck GmbH, Bad Salzuflen

817 2635 4453 6271

Inhalt

Vorwort

Honigbienen mit ihrer hochkomplizierten sozialen Lebensweise faszinieren die Menschheit schon seit alters her. Waren die Bienen für unsere Ahnen wichtige Honig- und Rohstofflieferanten, so rückt die Imkerei von heute immer weiter von der Ertragsorientierung ab. Die Imkerei wird von den meisten als Freizeitausgleich betrieben, und das finanzielle Interesse steht eher im Hintergrund. Die Honigproduktion – zweifelsfrei ein ganz wesentlicher Aspekt der Imkerei – verliert dabei immer mehr an Bedeutung. Es ist dem Freizeitimker weitgehend egal, ob er nun 18 kg oder 20 kg Honig von einem Bienenvolk erntet. Die Arbeit in der freien Natur und das Wissen, einen handfesten Beitrag zur Sicherung unserer Umwelt zu liefern, sind dem modernen Freizeitimker mehr wert als der schnöde Mammon.

Es ist in unser aller Interesse, daß möglichst viele Bienen in den Resten unserer belasteten Natur gehalten werden. Sie sind lebensnotwendig für die Revitalisierung und die nachfolgende Stabilisierung von vernichteten Biotopen. Wo Bienen fliegen, ist die Welt in Ordnung! Die Imkerei ist eine wesentliche Stütze des integrierten Umweltschutzes. Es ist das Anliegen dieses Buches, die Imkerei als Freizeitbeschäftigung und Hobby attraktiv zu machen. Es soll dem angehenden Imker Argumente liefern, mit denen er auch in einem möglicherweise Honigbienen gegenüber skeptischen sozialen Umfeld eine Imkerei rechtfertigen kann. Vorgeschlagene Betriebsweisen und Arbeitstechniken orientieren sich daher nicht primär an einem hohen Honigertrag, sondern eher an den Bedürfnissen des Freizeitimkers. Die Freude an der Imkerei steht im Vordergrund.

Wir sollten nicht vergessen, daß es die Hobby-Imker sind, die die Masse der Bienen bereitstellen. Ihr Enthusiasmus läßt die gesamte Gesellschaft profitieren. Ohne Freizeitimker hätten wir in den Ballungsräumen der Industrienationen so manche Kulturwüste mehr. Gerade in der heutigen Zeit globaler Umweltprobleme muß die Bienenhaltung attraktiv gestaltet werden. Die Imkerei ist aus all diesen Gründen als unverzichtbares Element des Naturschutzes von großer Bedeutung.

Auch wenn die Imkerei bislang aus weitgehend unverständlichen Gründen eine Domäne der Männerwelt war, so gilt: Imkerinnen sind genauso aktive Naturschützer wie ihre männlichen Kollegen! Wenn im Buchtext von »dem Imker« die Rede ist, so muß ich mich hier vorab entschuldigen. Es handelt sich hierbei um ein an sich unverzeihliches Kürzel. Gemeint ist »die Imkerin und der Imker«, und damit möchte ich ausdrücklich betonen, daß auch (und gerade) Frauen sich angesprochen fühlen sollten. Imkern ist viel zu schön, um ausschließlich Männersache zu sein. Auch wenn man bislang vorwiegend Männer auf Imkerversammlungen antrifft, so soll dies noch lange nicht heißen, daß Frauen keine Bienenhaltung betreiben sollten. Würden genauso viele Frauen wie Männer imkern, so würde unserer Natur ein schwerer Stein vom Herzen fallen, und über die Bestäubung der meisten Blütenpflanzen, die die Basis vieler Biotope darstellen, bräuchte sie sich keine Gedanken mehr zu machen. Dieses Buch soll denn auch in erster Linie als Aufruf verstanden sein:

Schützt die Bienen, denn dadurch schützen wir uns selbst!

Umwelt und Biene

Umwelt! Ein Thema, das in unserer hochindustrialisierten Gesellschaft quer durch alle politischen Parteien und Organisationen zu einem zentralen Reizwort geworden ist. Die Umwelt, in der wir leben, ist – noch weit vor dem Erdöl – die knappste und damit wichtigste Ressource. Auch diejenigen, die sich nicht durch Fisch-, Vogel-, Kröten- oder Tannensterben (die Liste ließe sich beliebig lange fortführen) betroffen fühlen, sollten erkennen, daß hier der Mensch selbst direkt betroffen ist.
Der Mensch steht am Ende der Nahrungskette, und die Nahrung, die er zu sich nimmt, ob biologisch erzeugt oder nicht, kann nicht gesünder sein als die Natur selbst. Eine Erkenntnis, die spätestens nach den schmerzhaften Erfahrungen von Tschernobyl (April 1986) eigentlich jeder gewonnen haben müßte. Zum anderen ist der streßgeplagte Mensch gerade in den Ballungsräumen auf biologisch funktionierende Naherholungsgebiete angewiesen. Mit berechtigter Trauer denkt man an die Zeiten zurück, in denen man noch bedenkenlos in Flüssen und Seen baden konnte.
Viele Zeichen deuten darauf hin, daß man in der Umweltpolitik 5 vor 12 verschlafen hat und nun ein Rettungskonzept entwickeln muß, um die Fehler der Vergangenheit soweit wie möglich zu bereinigen. Die Altlasten gilt es zu beseitigen und neue Belastungen für die Umwelt zu minimieren.
Welche Rolle spielt die Imkerei nun in diesem Konzept? Können Bienen mit ihrem Bienenfleiß irgendeinen Beitrag liefern, falschen Umweltkonzepten entgegenzuarbeiten? Sind Imker nur alternative Aussteiger, oder rekrutieren sie sich aus Rentnern, die mit ihrer Zeit nichts Besseres anzufangen wissen? Ist die Honigernte volkswirtschaftlich von Bedeutung, oder liegt die Wichtigkeit der Bienenhaltung vielleicht auf ganz anderen Gebieten?
Fragen, die sich nicht nur der frischgebackene Freizeitimker stellt, sondern die auch in der Öffentlichkeit mehr und mehr im Blickpunkt stehen. Was hat es nun auf sich mit der vielzitierten Bedeutung der Bienen für unsere Umwelt? Ein Märchen aus uralten Zeiten oder ein Faktum, das mehr Aktualität denn je in der Geschichte der Menschheit hat?
Meßbar ist der Erfolg eines Imkers natürlich am einfachsten über die Menge seiner Honigernte. Volkswirtschaftlich gesehen ist dies aber weitgehend unbedeutend. Die große Bedeutung der Bienenhaltung liegt auf einer ganz anderen Ebene, dem Umweltschutz nämlich, und hier sind die Bienen tatsächlich von einem direkten volkswirtschaftlichen Nutzen, der sich in finanziellen Dimensionen gar nicht fassen läßt.

Die Biene und der Apfelbaum

Um die Bedeutung der Honigbienen für Gesellschaft und Umwelt zu erkennen, müssen wir zunächst die biologische Funktion der Bienen in natürlichen Ökosystemen und landwirtschaftlichen Nutzflächen verstehen. Honigbienen sorgen seit etwa 30 Millionen Jahren für die Fortpflanzung einer Vielzahl von Blütenpflanzen. Blütenpflanzen und Bienen haben sich in der Stammesgeschichte »Hand in Hand« entwickelt (man spricht von einer Koevolution); sie sind direkt voneinander abhängig. Die Bienen können nicht ohne die Pflanzen, die Pflanzen aber auch nicht ohne die Bienen leben. Das Beispiel der Biene und des Apfelbaums soll dies verdeutlichen.
Um die enge Verflechtung zwischen Biene und Apfelbaum zu verstehen, müssen wir uns zunächst die Apfelblüte im Detail ansehen. In der Blüte befinden sich der männliche Pollen und der weibliche Fruchtknoten mit Stempel und Narbe. Damit sich nun ein Apfel bildet, muß Pollen von einem anderen Baum auf die

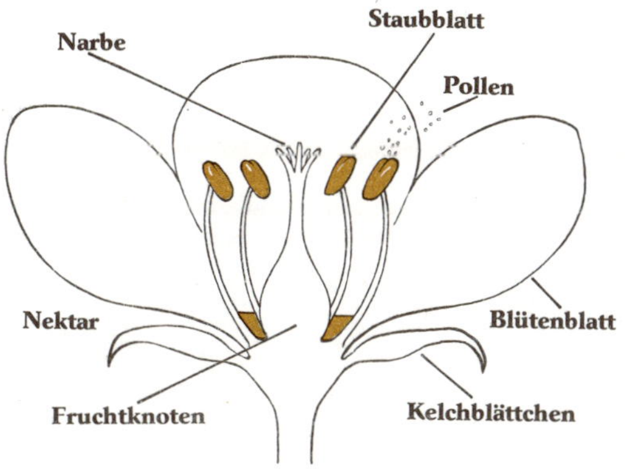

Schematische Darstellung einer Blüte. Wenn die Biene den Nektar am Blütenboden aufsaugt, streift sie mit ihrem Haarkleid die Narbe. Pollenkörner, die sich im Haarkleid verfangen haben, gelangen dabei auf die Narbe, und die Blüte wird befruchtet

Narbe des Stempels getragen werden, da die meisten Apfelsorten gegenüber ihrem eigenen Pollen steril sind. Nun hat unser Apfelbaum als pflanzlicher Organismus seinen tierischen Kollegen gegenüber ein großes Problem. Er kann sich nicht von der Stelle bewegen, um für seine Blüten einen geeigneten Geschlechtspartner zu finden. Er ist also auf jemanden angewiesen, der seinen Pollen aufnimmt und ihn auf die Narbe einer Blüte des nächsten Apfelbaums trägt. Dort kann dann der Apfel heranreifen, aus dessen Kernen dann – möglicherweise – wieder ein neuer Baum entsteht. Dies nämlich ist das biologische Hauptinteresse unseres Apfelbaums und weniger der wohlschmeckende Apfel, von dem man als Mensch zu profitieren versucht. Während der Apfelbaum etwas ratlos im Garten steht und nicht weiß, wohin und woher mit dem Pollen, kommt die Biene ins Spiel. Als würde sie die Not des Baumes erkennen, transportiert sie den Pollen des einen Baumes zum Nachbarbaum, plaziert ihn sorgfältig auf die Narben der dortigen Blüten, sammelt gleichzeitig den Pollen und befruchtet damit die Blüten des nächsten erfreuten Apfelbaums. Doch genug der Fabel.

Eine Hand wäscht die andere

In der Biologie gibt es keine Leistung ohne Gegenleistung. So machen auch hier die Bienen ein gutes Geschäft. Die Blütenpflanze macht ihre Blüte für die Bienen attraktiv, indem sie den Nektar, eine Zuckerlösung, in der Blüte ausscheidet. Dieser Nektar ist die Kohlehydratquelle der Bienen, doch vom Zucker allein können sie nicht leben. Sie benötigen Eiweißnahrung in Form von Pollen, der nahezu ausschließlich aus Eiweißen besteht. Es stellt die einzige Eiweißquelle für die Bienen dar. Der Transport des Pollens von Blüte zu Blüte ist also alles andere als eine freundliche Geste dem Apfelbaum gegenüber, sondern vielmehr ein Raubzug auf Nektar und Pollen. Daß der Baum auch davon profitiert, garantiert er durch die raffinierte Architektur seiner Blüte. Die Biene gelangt nur an den Nektar, wenn sie mit ihrem pollenbeladenen Haarkleid die Narben streift und damit die Befruchtung garantiert.

Eine wichtige Voraussetzung für die Bestäubungsfunktion der Honigbiene ist ihre Blütenstetigkeit. Die einzelne Biene sammelt nur auf einer Blütenart und garantiert dadurch, daß kein artfremder Pollen zur Bestäubung verwandt wird (z. B. Birnenpollen auf Apfelnarben).

Während andere Insekten oft sehr speziell an bestimmte Blütenpflanzen angepaßt sind, sind Honigbienen generell so ausgestattet, daß sie im Prinzip eine Vielzahl davon besuchen und bestäuben können.

Fallen spezialisierte Insekten als Bestäuber aus (z. B. durch Insektizideinsatz), so werden die entsprechenden Blüten von ihnen nicht bestäubt, und die Pflanzen würden normalerweise keinen Samen produzieren. Dank der Bienen jedoch können zwar nicht die direkten Auswirkungen von Insektiziden und anderen Schadstoffen auf Nutzinsekten vermieden werden, aber die sekundären Schäden, die durch eine mangelhafte Bestäubung auftreten, werden behoben.

Die Eigenschaft eines Generalisten (Besuch vieler Arten) einerseits und die Blütenstetigkeit andererseits (Bestäubung der gleichen Art) heben die Honigbienen aus der Masse der bestäubenden Insekten hervor.

Warum Insekten schützenswert sind

Die Insektenwelt, die den Tierschützern häufig als schützenswert entgeht, hat sich in den letzten Jahrzehnten erschreckend verändert. Ein trauriges Beispiel, das einem jeden sicher aufgefallen ist, sind die Maikäfer. Noch von Wilhelm Busch als Plage bezeichnet, sind sie heute zur Seltenheit geworden. Der Einsatz von Insektiziden, der nahezu flächendeckend ganze Landstriche von jeglicher Insektenfauna befreit hat, zeigt seine Wirkung. Ziel ist es, Schädlinge (z. B. Schmetterlinge oder Käfer) zu vernichten, um ertragreiche Ernten zu gewährleisten. Das Resultat der chemischen Insektenbekämpfung ist jedoch häufig unbefriedigend. Die Schädlinge entwickeln Resistenzen gegen die Insektizide, wohingegen die Nützlinge, häufig Freßfeinde des Schädlings, effizient eliminiert wer-

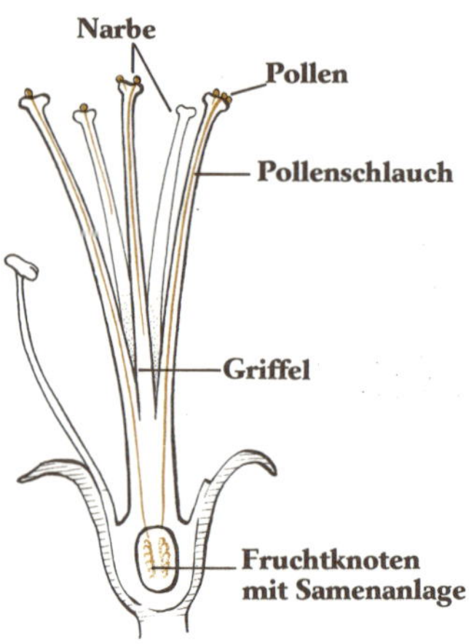

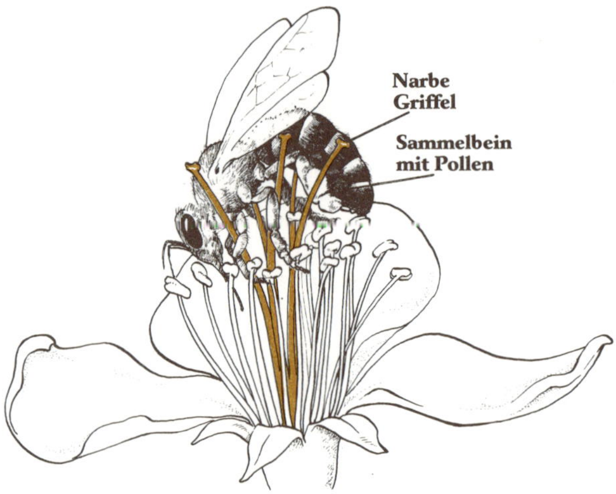

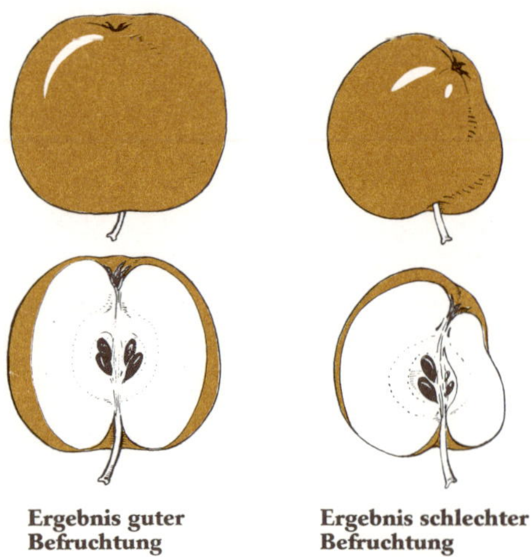

Während der Obstblüte sind die Bienen von besonderer Bedeutung. Sie garantieren, daß die Blüten bestäubt werden und im Spätsommer eine reiche Obsternte zu erwarten ist. Mangelhaft bestäubte Blüten ergeben eine schlechte Fruchtentwicklung

Honigbienen sammeln die schützende Wachsschicht der Eigelege von Schildläusen auf Zitrusbäumen. Sie packen das Wachs in die Pollenkörbchen an den Hinterbeinen. Die Eiersäcke der Läuse sind der Sonne ausgesetzt und vertrocknen. Die Zitrusbäume sind gerettet

den. Die Folge ist ein Teufelskreis mit einer Dosis-Wirkung-Spirale, aus dem es nur schwerlich ein Entrinnen gibt.
Unabhängig vom Erfolg des Insektizideinsatzes sind auf jeden Fall alle wildlebenden Blütenpflanzen durch eine solche Strategie bei der Schädlingsbekämpfung akut bedroht. Die Insektenwelt ist umfassend vernichtet, und eine Bestäubung findet nicht mehr statt.
In dieser Situation kommt den Honigbienen ihre zentrale Rolle im sogenannten integrierten Pflanzenschutz (Kombination chemischer und biologischer Verfahren) zu. Die Honigbienen können diesen Teufelskreis durchbrechen. Zum einen garantieren sie – auch nach Insektizideinsatz – die Bestäubung nicht nur der Kulturpflanzen, sondern auch jeder anderen Blütenflora (siehe oben). Gerade in Projekten zur Revitalisierung von Ackerrandstreifen, wie sie in verschiedenen Bundesländern propagiert werden, nehmen die Honigbienen eine wichtige Stellung ein. Zum anderen gibt es Beispiele dafür, daß Honigbienen selbst aktiv Schädlinge bekämpfen.

Wie können Honigbienen nun trotz eines Insektizideinsatzes Blüten bestäuben? Sie sind natürlich genauso anfällig gegenüber Insektiziden wie alle anderen Insekten. Des Rätsels Lösung liegt in der Bienenhaltung, und hier kommt die Rolle des Imkers zum Tragen, der tatsächlich eine ganz wesentliche Schlüsselposition im integrierten Naturschutz hat. Er hält die Bienenvölker auf seinem Bienenstand weitab von der Apfelplantage, auf der die Insektizide eingesetzt werden. Wenn der Apfelbauer die Spritzung beendet hat, kann der Imker – nach einer Wartezeit oder sofort, das ist abhängig vom verwendeten Präparat – seine Bienenvölker auf die Plantage fahren. Die Bienen werden nun die Apfelblüten bestäuben und führen damit zu einem guten Fruchtansatz. Damit ist in erster Linie dem Apfelbauern gedient, der den Imker hierfür angemessen finanziell entschädigt, aber natürlich auch den vielen anderen Blumen der Region, deren bestäubende Insekten vorher vernichtet wurden. Ein Teil der Bienen wird sich nämlich nicht ausschließlich auf die Apfelblüten beschränken, sondern auch Wild-

blüten bestäuben. Der Imker garantiert dadurch die Vielfalt der wildlebenden Blütenflora und betreibt einen Umweltschutz, der keinen Millionenetat verschlingt, aber zugleich wesentlich effektiver ist als manche spektakuläre Aktion. In besonderen Fällen können Honigbienen auch direkt zur Schädlingsbekämpfung eingesetzt werden.
In Australien fand man heraus, daß Honigbienen in Zitrusplantagen auf der Suche nach Kittharz die Wachsschutzhäutchen von Schildläusen sammeln. Die Schädlinge trocknen danach aus und sterben. Eine Plantage konnte allein durch den Einsatz von Honigbienen – ohne Insektizidspritzung – vom Schädlingsbefall befreit werden. Honigbienen spielen in diesem Fall eine doppelte Rolle, biologische Schädlingsbekämpfung auf der einen Seite, Bestäubung auf der anderen.

Die linke Biene bietet der rechten Biene Futter an. Durch diesen sozialen Futteraustausch wird eingetragener Nektar innerhalb weniger Stunden gleichmäßig im Bienenvolk verteilt. Das Futter wird dabei nicht nur an andere Bienen weiterverteilt, sondern auch in die Waben eingelagert

Die Bienen und der Pflanzenschutz

Leider ist der Insektizideinsatz heute längst nicht mehr auf große Plantagen von Kulturpflanzen beschränkt. Viele Klein- und Hobby-Gärtner glauben, ohne chemische Insektenvernichtung nicht arbeiten zu können. Hinzu kommt eine Vielzahl von Unkrautvernichtungsmitteln (Herbiziden), die ebenfalls alles andere als gesundheitsfördernd für Bienen sind (und nicht nur für sie!). Immer dann, wenn Insektizide während der Blütezeit eingesetzt werden, besteht auch für die Honigbienen akute Gefahr. Die Bienen nehmen das Gift während ihrer Sammelflüge auf und verenden. Besonders gefährlich sind langsam wirkende Fraßgifte, die von den Sammlerinnen aufgenommen werden, diese aber nicht sofort abtöten. Die Sammlerin trägt den vergifteten Nektar oder den Pollen in das Volk ein. Durch den sozialen Futteraustausch wird das Gift dann im gesamten Volk verteilt. Als äußerlich sichtbares Symptom einer Vergiftung findet man Hunderte toter Bienen vor dem Flugloch. In ungünstigen Fällen wird auch die Brut mit dem Gift in Kontakt kommen und absterben. Die Vergiftung wird dann nicht äußerlich durch einen erhöhten Totenfall von Bienen sichtbar. Es kann einige Wochen dauern, bis das Gift Wirkung zeigt und das Volk schließlich vernichtet.
Der Gesetzgeber hat Richtlinien erlassen, die den Einsatz von Insekten- und Unkrautvernichtungsmitteln reglementieren. Dennoch treten unerfreulicherweise immer wieder Verstöße auf, die sich durch ein entsprechendes Bienensterben darstellen. Die Verursacher sind oft nur schwer auffindbar, da die Bienen einen weiten Flugradius haben. Auf jeden Fall sollte solch unverantwortliches und kurzsichtiges Verhalten, das zu Völkerverlusten führt, vom Imker der zuständigen Behörde so schnell wie möglich angezeigt werden. Nur dann ist es möglich, den Verursacher zur Rechenschaft zu ziehen, der dann mit einem Bußgeld belegt werden kann und für den Völkerverlust aufkommen muß.
Generell muß aber gesagt werden, daß gerade bei langsam wirkenden Giften, die erst nach vielen Tagen zu Vergiftungserscheinungen führen, die Nachweislage äußerst ungünstig ist. Wer selbst gezwungen ist, Fungizide (Pilzvernichtungsmittel) und/oder Herbizide einzusetzen, sollte versuchen, nur bienenungefährliche

Mittel zu spritzen. Die folgende Tabelle zeigt eine Auswahl derzeit auf dem Markt befindlicher Präparate, die als bienengefährlich eingestuft werden und vermieden werden sollten.

Fungizide	Herbizide
Afugan Aliette Compo Mehltau-Spray Neu Furesan Rosenspray 119	AAdimitriol-SP AAherba-CIPC Ätzmittel »Marktredwitz« Alzodef Aresin-Kombi Aretit flüssig Banvel CMPP Buctril Compo Total-Unkraut-Spray Etzel Fisons Totalunkrautspray Flüssig Herbigol Gabi-Antimoos S HORA Tryn 50 Ingran 50 Mais-Bentrol GL Phenmedipham-Stefes Super Herbigol Tolkan A Tolkan Super Unkrautvernichtungs-mittel 371 M

Bienen sind Insekten; eine Tiergruppe, die biologisch den Spinnentieren und damit auch den Milben recht nahe steht. Entsprechend vorsichtig sollte man daher auch beim Einsatz von Insektiziden (Insektenvernichtungsmitteln) und Akariziden (Milbenvernichtungsmitteln) sein. Die meisten sind für die Bienen tödlich. Es gibt jedoch für viele Anwendungen auch bienenungefährliche Präparate. Das Pflanzenschutzmittelverzeichnis der Biologischen Bundesanstalt für Land- und Forstwirtschaft, Messeweg 11–12, 3300 Braunschweig, gibt über die etwa 100 in Frage kommenden Präparate Auskunft.

Die Bienen und der Naturschutz

In letzter Zeit gibt es wiederholt Stimmen, die sich gegen die Aufstellung von Bienen in Naturschutzgebieten aussprechen. Vereinzelt wurde gar von Naturschutzbehörden die Aufstellung von Bienenvölkern in Schutzgebieten untersagt. Die Begründung ist ein fiktives, am grünen Tisch entwickeltes Argument: die Bienen seien keine natürlich vorkommenden Insekten, sondern den Menschen begleitende Haustiere. Bienen würden daher den natürlichen Blütenbestäubern gegenüber als Nahrungskonkurrenten auftreten.
Unabhängig davon, daß es für diese These keinen einzigen wissenschaftlich fundierten Beleg gibt, stellen solche Argumente ein Zeichen falsch verstandenen Naturschutzes dar, gepaart mit einer gehörigen Portion Unkenntnis der Biologie der Honigbiene. Honigbienen existieren seit mehr als 25 Millionen Jahren freilebend in friedlicher Koexistenz mit anderen blütenbestäubenden Insekten. In dieser Zeit haben sich die ökologischen Nischen von Honigbienen und anderen bestäubenden Insekten etabliert. Die tatsächliche Bedrohung für Nutzinsekten geht nicht von Honigbienen aus, mit denen sie seit Jahrmillionen in einem ausgewogenen Gleichgewicht zusammenleben, sondern von einer hochindustrialisierten Gesellschaft, die jetzt erst zu erkennen beginnt, daß sie sich seit über einem Jahrhundert auf Kosten der Natur zu einem instabilen System entwickelt.
Wer Bienen aus einem Naturschutzgebiet entfernt, riskiert, daß die Bestäubung der Flora nicht hinreichend gewährleistet ist. Er schützt durch solche Maßnahmen keinesfalls die Natur. Durch die Reduktion der Vielfalt an Blütenpflanzen ist es dann in der Tat möglich, daß bestimmte blütenbestäubende Insekten nicht mehr die entsprechenden Lebensbedingungen vorfinden und aussterben. Honigbienen erhalten und revitalisieren die Biotope, die den weniger robusten Blütenbestäubern als Lebensräume dienen.

Die Biologie der Honigbiene

Honigbienen finden wir heute in nahezu allen nichtpolaren Klimazonen der Welt. Das war nicht immer so. Ursprünglich war die westliche Honigbiene *(Apis mellifera)*, wie wir sie kennen, auf Afrika, Europa und den Südwesten Asiens (bis Afghanistan) beschränkt. Bis zu den großen Auswanderungsströmen europäischer Siedler nach Australien, Süd- und Nordamerika waren Honigbienen dort völlig unbekannt. In Asien war bis vor wenigen Jahren ebenfalls nicht die bei uns bekannte Honigbiene vertreten. Dort tummeln sich nämlich vier andere Arten: die Riesenhonigbiene der Tropen *(Apis dorsata)*, die Himalaya-Riesenhonigbiene *(Apis laboriosa)*, die Zwerghonigbiene *(Apis florea)* und die östliche Honigbiene *(Apis cerana)*. Während die ersten drei in ihrer Biologie doch auffallend von unserer Honigbiene abweichen, zeigt die östliche Honigbiene erstaunliche Parallelen zu unseren Bienen. Dies geht so weit, daß sich Drohnen und Königinnen der beiden Arten paaren können. Nachkommen entstehen jedoch nicht; dies ist stets ein eindeutiges Zeichen dafür, daß hier zwei verschiedene Arten vorliegen.

Anhand von Fossilien können wir Honigbienen bis in das Miozän vor 25 Millionen Jahren zurückverfolgen. Die Funde stammen aus dem rheinischen Braunkohleabbau in der Nähe von Bonn. Vor 12 Millionen Jahren zeigten die Bienen bereits ausgeprägte Ähnlichkeiten mit der heutigen Riesenhonigbiene der Tropen Asiens. Die letzteren hausen nicht in Höhlen, sondern bauen – ungeschützt an Ästen hoher Bäume – eine einzige große Wabe (bis zu 4 m^2). Der Übergang zum Nisten in Höhlen ermöglichte es offensichtlich, auch die gemäßigten Klimazonen zu besiedeln. Dies geschah vor 1½–2 Millionen Jahren zu Beginn des Pleistozäns. Erst am Ende des Pleistozäns, vor 8000–10 000

Verbreitung der westlichen Honigbiene (Apis mellifera). Kästchenschraffur: natürliches Verbreitungsgebiet. Linienschraffur: Verbreitung durch den Menschen

Die vier Arten der Honigbiene: Apis mellifera, Apis cerana, Apis florea, Apis dorsata (von links)

Jahren, fand dann die Artbildung – einerseits zur höhlenbrütenden östlichen und andererseits zur westlichen Honigbiene – statt.

Der Bau der Biene

Wenn wir ein Bienenvolk öffnen und uns näher anschauen, so können wir drei verschiedene Typen von Lebewesen darin erkennen. Am einfachsten zu finden sind die *Arbeiterinnen,* die uns schon – meist nicht in freundlicher Absicht – entgegenkommen, bevor wir den Bienenkasten öffnen. Ein starkes Bienenvolk kann bis zu 60 000 Arbeiterinnen haben, die für uns Menschen in noch immer weitgehend unverstandener Weise ihre Tätigkeiten zum Funktionieren des gesamten Bienenvolkes koordinieren. Der prinzipielle anatomische Aufbau einer Arbeiterin und ihrer inneren Organe sind in der nebenstehenden Abbildung schematisch dargestellt. Einige Strukturen sind für die Honigbiene von besonderer Bedeutung.

Der *Honigmagen* stellt ein ganz entscheidendes Organ bei der Erzeugung des Honigs dar. Hier wird der dünnflüssige Nektar durch Entziehen von Wasser eingedickt. Der Honigmagen ist zudem der Transporttank, in dem der Nektar von der Sammelbiene in das Nest eingetragen wird. Ein Ventiltrichter verhindert dabei den

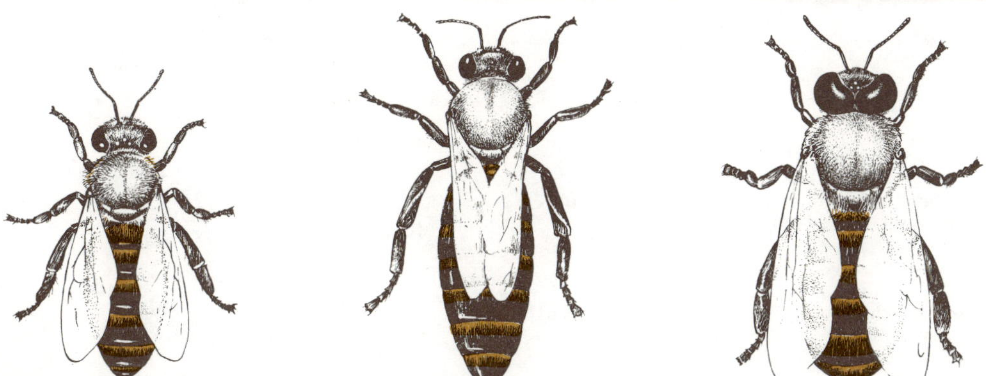

Die drei Bienenwesen: Arbeiterin, Königin, Drohn (von links)

Bau der Honigbiene.
Schematische Darstellung der wichtigsten inneren Organe und des äußeren Körperbaus. Typisch für die Bienen ist das Pollenkörbchen am 3. Beinpaar ▼

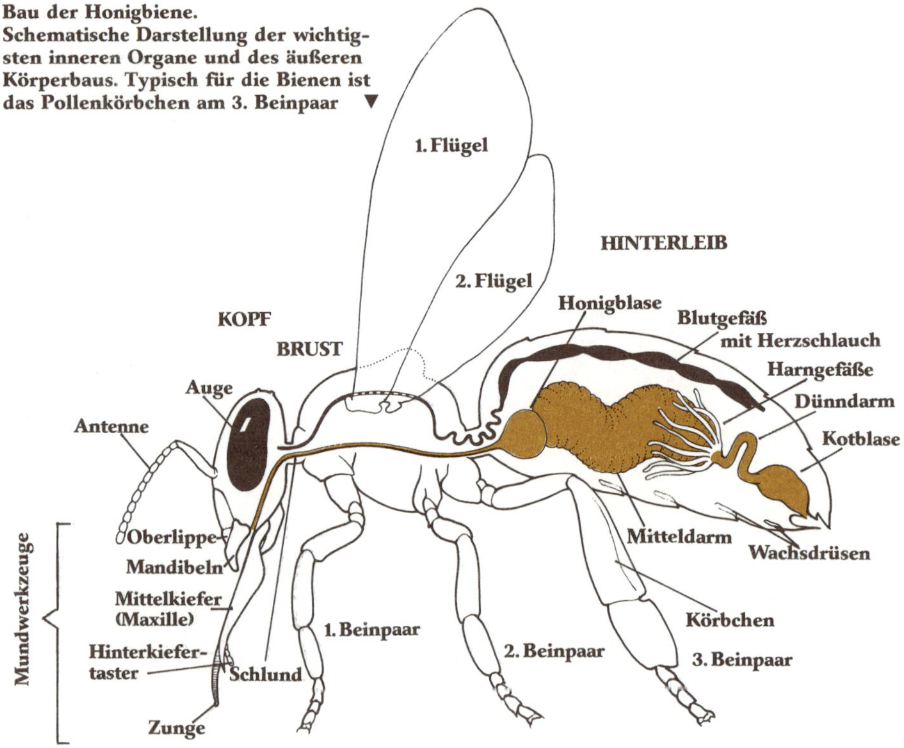

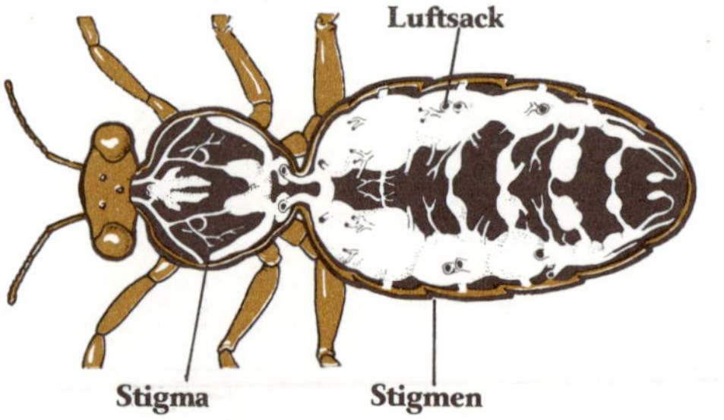

Atmungssystem der Honigbiene. ▲
Neben der Hauptatemöffnung (Stigma) in der Brust, gibt es im Hinterleib noch weitere (kleinere) Stigmen. Die Luftsäcke sind bei starker Stoffwechselaktivität von Bedeutung, wenn viel Sauerstoff benötigt wird

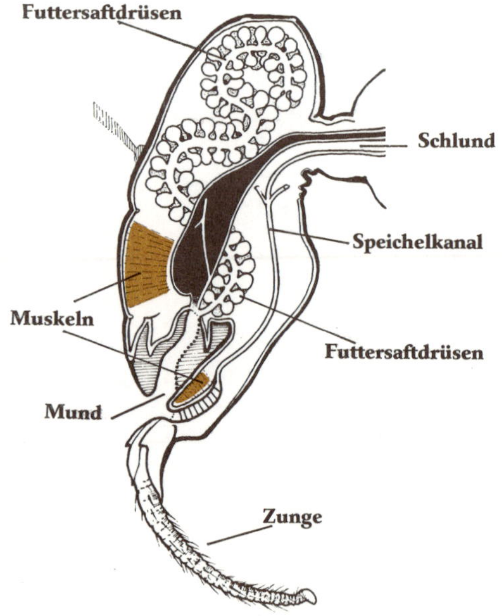

Schnitt durch den Kopf der Honigbiene. Die Futtersaftdrüsen im Kopf der Arbeiterin sind besonders bei Ammenbienen stark entwickelt. Sie erzeugen die Nahrung für die jungen Larven. Der Speichelkanal verbindet die Speicheldrüsen in der Brust mit der Mundhöhle ▶

vorschnellen Eintritt des Honigs in den Darm. Die *Futtersaftdrüsen* sind besonders bei jungen Arbeiterinnen stark ausgebildet. In ihnen wird das Futter für die jungen Larven erzeugt und ausgeschieden.

Die *Wachsdrüsen,* die sich unter den Bauchschuppen befinden, produzieren das zunächst rein weiße Bienenwachs. Es ist flüssig und tritt durch kleine Poren aus, um an den sogenannten Wachsspiegeln zu erstarren. Es bilden sich die Wachsplättchen, die man häufig bei bauenden Arbeiterinnen erkennen kann. Die gelbe Farbe des Wachses entsteht erst später durch Verunreinigungen von Pollen.

Die *Duftdrüse* der Arbeitsbiene, die einen dem Menschen angenehmen und gut riechbaren Duft verbreitet, befindet sich vor dem vorletzten Segment des Hinterleibs. Der Duft erinnert an Geranien und Zitronen, und tatsächlich sind die Hauptsubstanzen des Sekrets – Geraniol und Citral – die typischen ätherischen Öle dieser

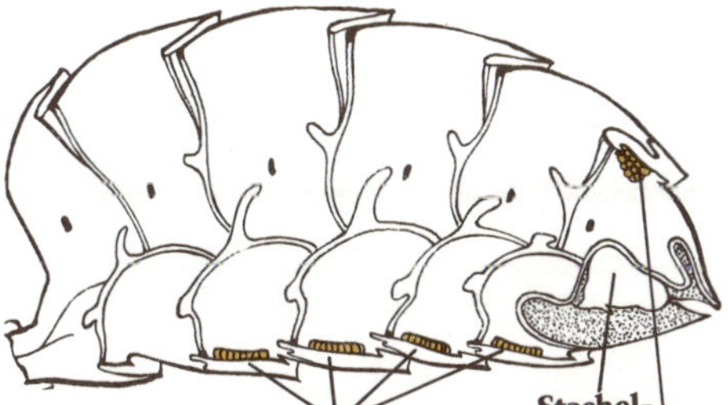

Lage der wichtigsten Drüsen im Hinterleib der Arbeiterin ▲

Sammelbein einer Arbeiterin. Mit Hilfe des zweiten Beinpaares (nicht abgebildet) und der Pollensammelvorrichtung des dritten Beinpaares kann die Arbeiterin Pollenhöschen (ganz rechts) bilden ▼

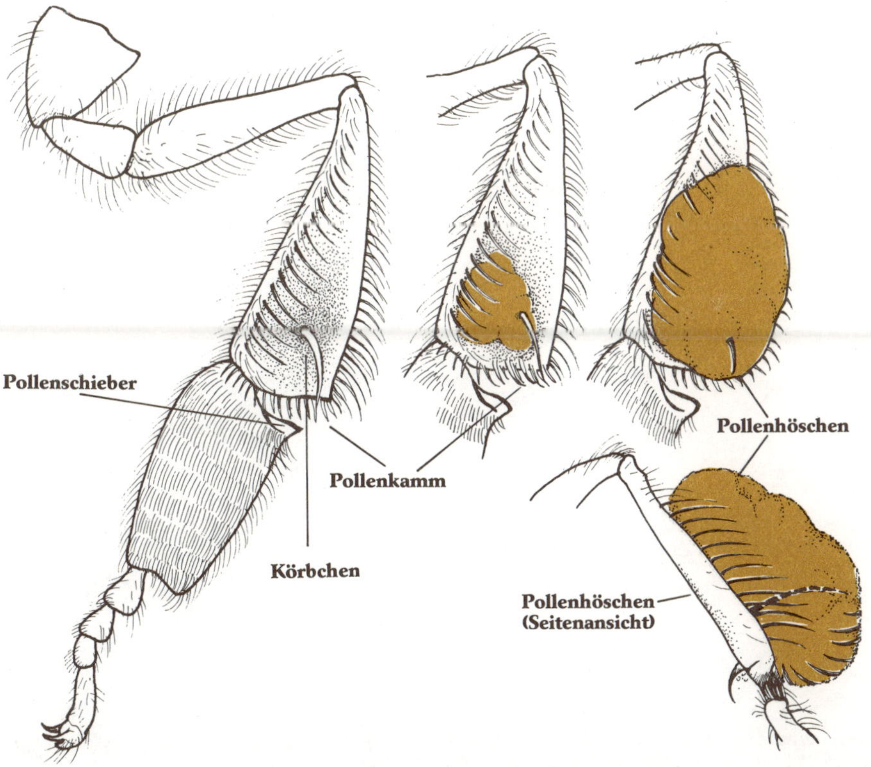

Pflanzen. Der Duft der Drüse ist für eine ganze Reihe sozialer Verhaltensweisen von großer Bedeutung.

Die *Hinterbeine* von Bienen zeigen eine im Tierreich einmalige Anpassung an das Sammeln von Blütenpollen, das sogenannte Körbchen. Es handelt sich hierbei um eine muldenförmige Vertiefung an den Oberschenkeln des letzten Beinpaars. Die Mulde ist von einem Borsten- und Haarkranz umgeben. Die Biene ist in der Lage, Pollenkörner in diesem Körbchen zu sogenannten Höschen zu sammeln. Dies sind kleine Kügelchen, die aus den einzelnen Pollenkörnern zusammengeklebt wurden. Das Körbchen (zoologisch *Corbicula)* ist typisch für alle Bienen (auch Hummeln und nichtsoziale Bienen gehören hierzu) und ein einfaches Unterscheidungsmerkmal, um sie von äußerlich ähnlichen Insekten abzugrenzen.

Der *Flugapparat* der Bienen ist ebenfalls äußerst bemerkenswert. Mit vier Flügeln haben sie ein Flugsystem, das eigentlich kaum für Hochleistungsflüge benutzt werden könnte. Ein Flugzeughersteller warb denn auch wie folgt für seine Produkte: »Unsere Flugzeugingenieure haben berechnet, daß Bienen nicht fliegen können.« Tatsächlich ist die Vierflügeligkeit aerodynamisch ein Handikap gegenüber der Zweiflügeligkeit, wie wir sie z. B. von Fliegen oder Vögeln kennen. Die Bienen haben sich allerdings etwas einfallen lassen, um diesen Nachteil zu überwinden. Durch einen raffinierten Hakenmechanismus können sie Vorder- und Hinterflügel miteinander zu einem funktionalen Flügel verbinden. Sobald die Bienen die Flügel zum Flug ausbreiten, verklinken sich die Flügel automatisch durch diese Häkchen.

Auch die Bewegung der Flügel bedarf unserer Aufmerksamkeit. Wenn wir das Bruststück einer Biene aufschneiden, so sehen wir, daß nur ganz wenige Muskeln direkt an den Flügeln ansetzen. Die meisten und stärksten Muskeln verlaufen von der Rückenplatte zur Bauchplatte. Zum Flug kontrahieren sich diese großen Muskeln ganz kurz. Der Brustkorb wird dadurch eingedrückt. Die Aufhängung der Flügel führt dazu, daß sie gehoben werden. Da der Brustkorb elastisch ist, springt er wieder in seine ursprüngliche Kugelform zurück. Die Flügel bewegen sich abwärts. Wenn die Flügelschlag-

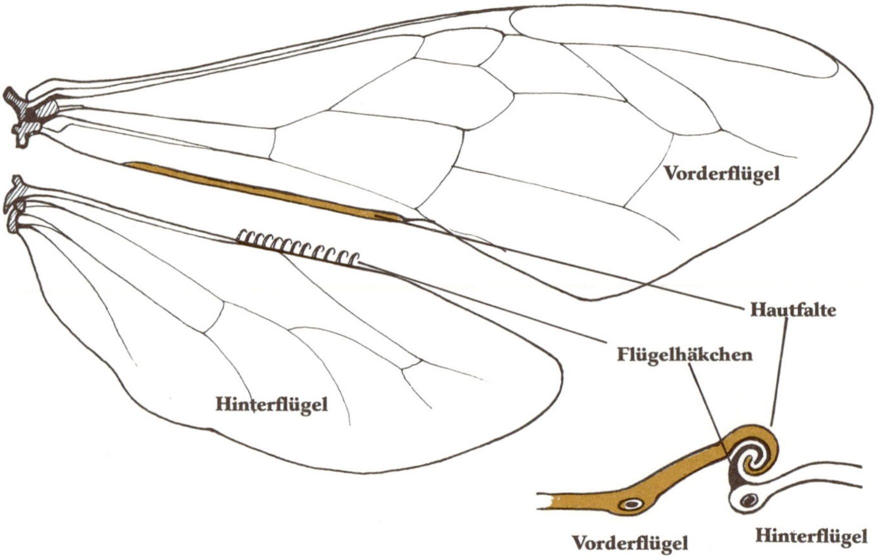

Der Verhakungsmechanismus von Vorder- und Hinterflügel. Die Häkchen des Hinterflügels greifen ähnlich wie bei einem Reißverschluß in die Hautfalte

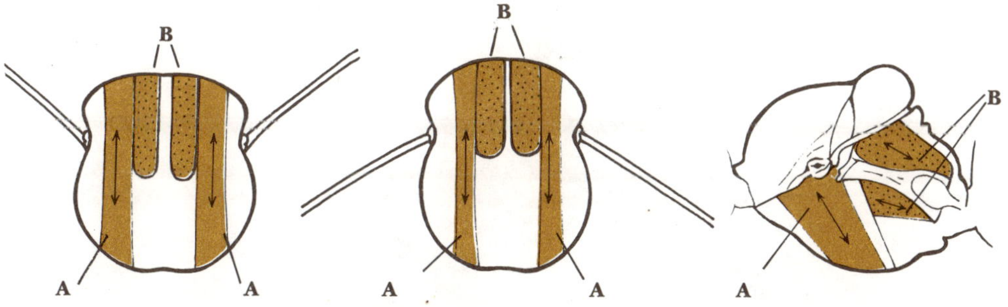

Schematische Darstellung des Flugapparates der Honigbiene. Die Muskeln A ziehen den Brustkorb zusammen, dadurch werden die Flügel gehoben. Bei Kontraktion der B-Muskeln werden die Flügel gesenkt

frequenz nun sehr nahe an der Resonanzschwingung des Brustkorbs liegt, kann der Kraftaufwand beim Fliegen deutlich reduziert werden. Durch Dreh- und Verwindungsbewegungen in der Flügellängsachse kann die Biene den Auf- und Vortrieb steuern.

Für den Menschen besonders eindrücklich sind *Giftblase und Wehrstachel.* Beides zusammen bleibt nach dem Stich einer Biene in der Haut stecken, und die Biene stirbt. In Ruhe ist der Stachel in der Stachelkammer der Honigbiene versteckt. Er selbst besteht aus drei getrennten Teilen: einer Stachelrinne und zwei Stechborsten. Beim Stich wird der Stachel mit einem kräftigen Ruck aus der Stachelkammer katapultiert. Ein komplizierter Hebelmechanismus erhöht hierbei die Geschwindigkeit. Er bohrt sich dabei in die Haut. Sobald die Stechborsten festen Widerhalt finden, arbeiten sie sich tiefer in das Gewebe hinein. Dieser Mechanismus funktioniert auch dann noch, wenn die Biene nach dem Stich weggeflogen ist und nur noch der Stachelapparat in der Haut steckenbleibt. Die Giftblase bleibt mit dem Stachel verbunden, und es wird weiterhin Gift in die Wunde gepumpt. Ein äußerst effizienter Mechanismus, wenn es darum geht, einem Angreifer große Schmerzen zu bereiten.

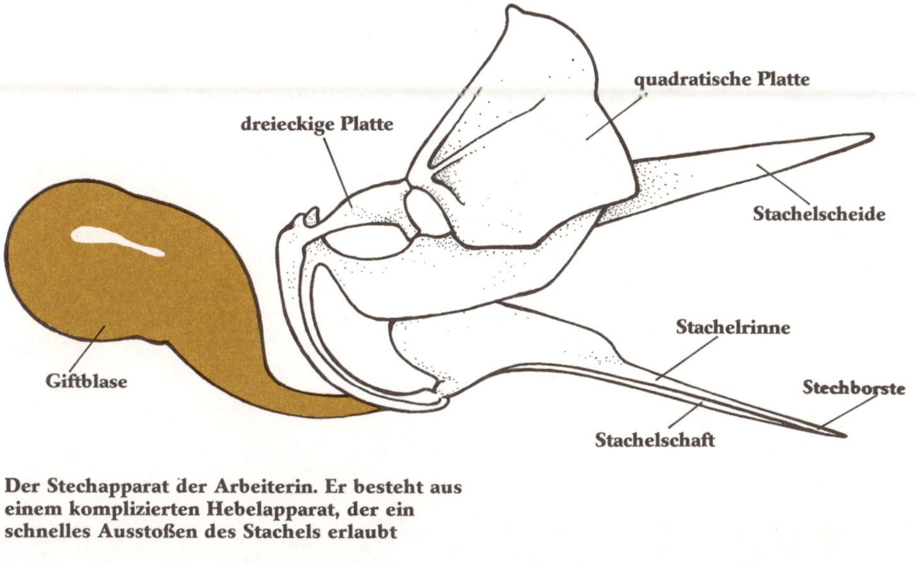

Der Stechapparat der Arbeiterin. Er besteht aus einem komplizierten Hebelapparat, der ein schnelles Ausstoßen des Stachels erlaubt

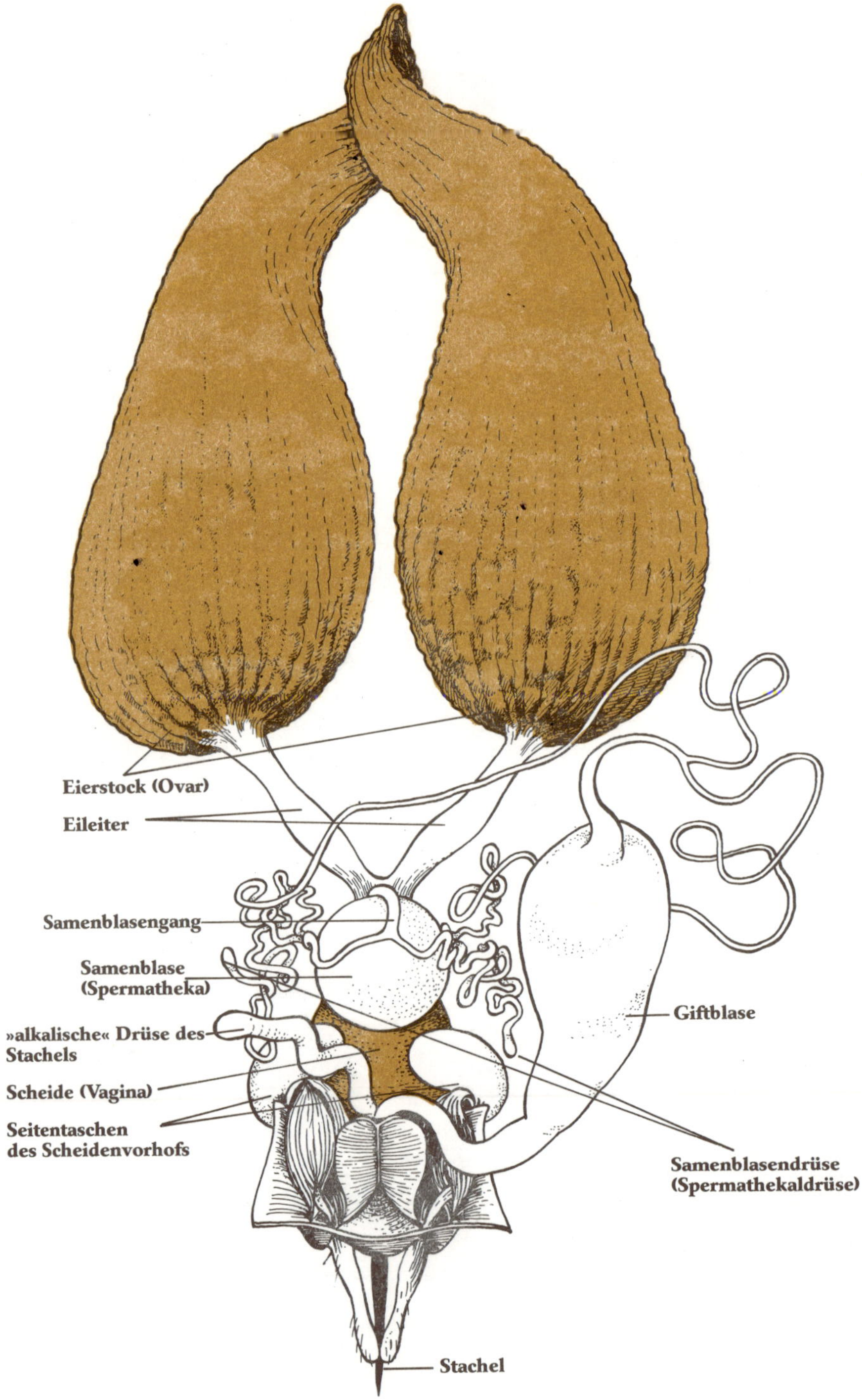

Geschlechtsapparat und Stachelapparat der Königin

Auch die Königin hat einen Stachel. Allerdings setzt sie ihn fast ausschließlich gegen rivalisierende Königinnen ein und benutzt ihn nur in höchster Not zur Selbstverteidigung. Im Gegensatz zur Arbeiterin kann die Königin den Stachel wieder aus der Haut herausziehen. Ihr fehlen die Widerhaken an den Stechborsten.

Die Eierstöcke sind bei den Arbeiterinnen nur kümmerlich entwickelt. Die *Königin* ist in der Regel das einzige fortpflanzungsfähige Weibchen im Bienenvolk. Sie hat gut entwickelte *Eierstöcke* mit zahlreichen Eischläuchen, in denen die Eier heranreifen. Bei der Eiablage wandern die reifen Eier durch den Eileiter am *Spermathekenkanal* vorbei. Die Spermatheka ist ein kleines Bläschen, in dem die Königin etwa 5–6 Millionen Spermien der Drohnen lagert, mit denen sie sich auf ihrem Hochzeitsflug gepaart hat. Bei jeder Eilage entscheidet die Königin, ob sie den Spermathekenkanal öffnet und einige Spermien zur Befruchtung freigibt oder ob sie ein unbefruchtetes Ei legt. Aus den befruchteten Eiern werden Weibchen (Arbeiterin oder Königin), während sich die unbefruchteten Eier zu Drohnen entwickeln. Hat eine Königin kein Sperma in ihrer Samenblase, so wird sie »drohnenbrütig«. Auch die Eier, die sie in Arbeiterinnenzellen ablegt, werden sich dann zu Drohnen entwickeln, und es entsteht sogenannte »Buckelbrut« (Drohnenbrut in Arbeiterinnenzellen). Der *Drohn* hat keinen Wehrstachel. Seine Hauptaufgabe ist die Befruchtung der Königin, und die soll er möglichst gut und schnell erledigen. Entsprechend ist sein biologischer Aufbau. Er ist von allen drei Wesen, die wir im Bienenvolk finden, mit dem besten optischen Apparat ausgestattet. Die Sehleistungen seiner riesigen *Facettenaugen* stellen die der Königin oder der Arbeiterin weit in den Schatten. Er braucht dieses gute Sehvermögen, mit dem sich insbesondere Bewegungsabläufe gut analysieren lassen, bei der Paarung. Er muß im Flug die Königin erfassen und begatten. Entsprechend gut sind auch seine Flugleistungen. Bei den inneren Organen des Drohns dominieren die *Geschlechtsorgane.* Beim jungen Drohn

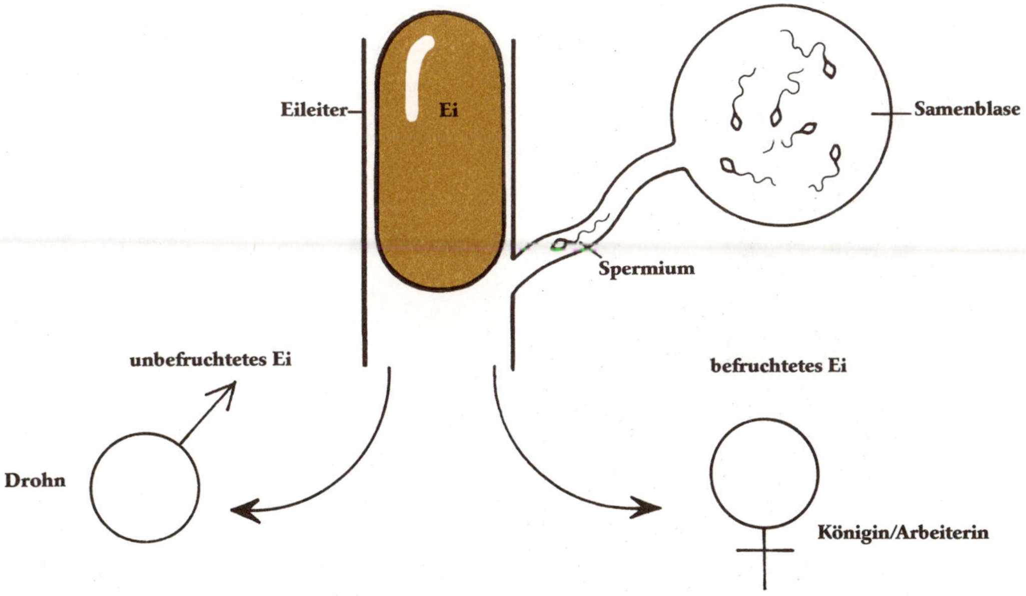

Schematische Darstellung der Befruchtung. Das Ei passiert den Ausgang des Samenblasenkanals. Die Königin kann wahlweise Spermien zur Befruchtung aus der Samenblase freisetzen. Aus unbefruchteten Eiern entstehen Drohnen, aus befruchteten Arbeiterinnen oder Königinnen

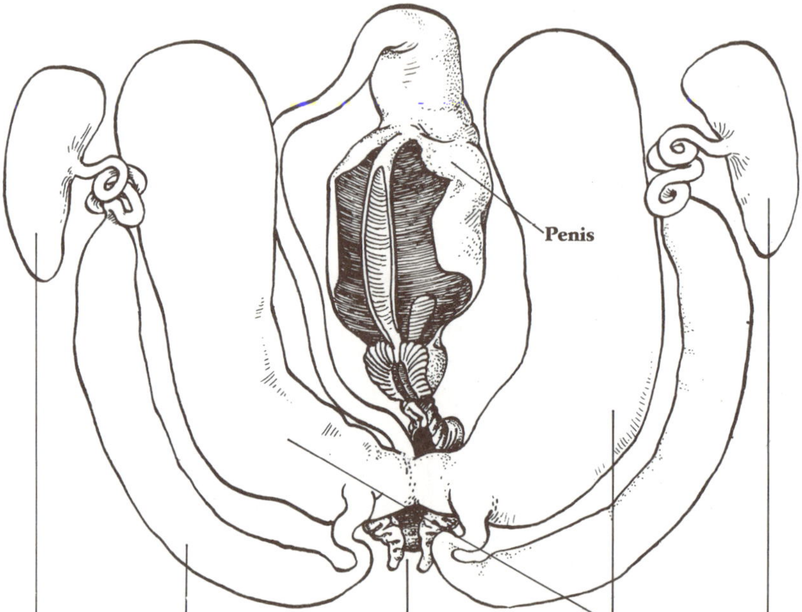

Geschlechtsapparat des geschlechtsreifen Drohns. Bei unreifen Drohnen sind die Hoden stark entwickelt und die Samenschläuche kaum sichtbare Strukturen. Die reifen Spermien wandern in den Samenschlauch ein und werden bei der Paarung freigesetzt ▲

Wenn man den Hinterleib eines reifen Drohns von beiden Seiten vorsichtig drückt, wird er seinen Begattungsschlauch ausstülpen. Das Sperma befindet sich als cremiger Tropfen auf der Spitze dieser bizarren Struktur ▼

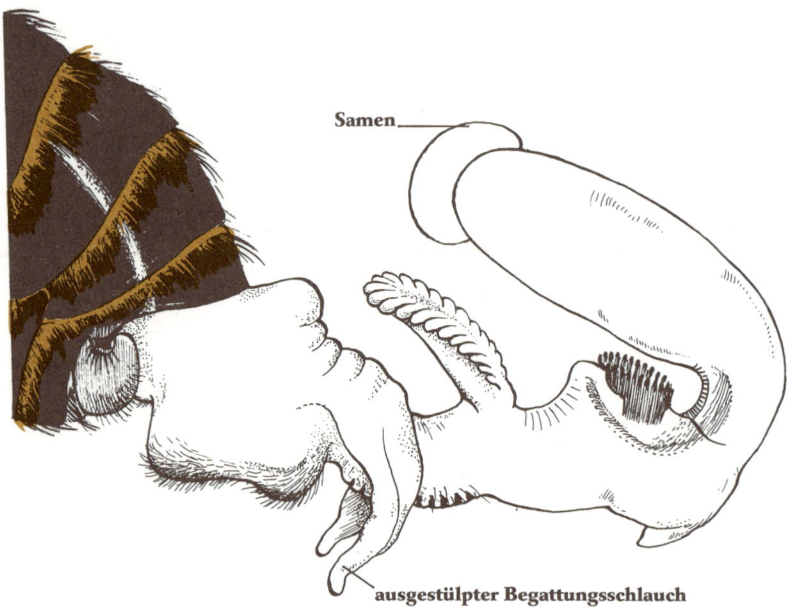

füllen die Hoden nahezu den gesamten Hinterleib aus. Später, nach der Geschlechtsreife, lagert das Sperma in zwei Samenschläuchen (Vesicula seminalis), und die Hoden haben sich zu winzigen, schwammigen Strukturen zurückentwickelt. Bei der Paarung wird der äußerst kompliziert gebaute Begattungsschlauch *(Endophallus)* ausgestülpt und der Samen übertragen.

Die Entwicklung der Biene

Die Honigbiene gehört zu den Insekten mit einer Verpuppung und einer vollständigen Verwandlung während der Entwicklung. Wir unterscheiden prinzipiell vier Formen:

- Ei
- Larve
- Puppe
- Imago (fertig entwickeltes Individuum)

Die Larve, die dem Ei entschlüpft, ist bei diesen Insekten ein wurmähnliches Geschöpf ohne Beine (Made). Die Verwandlung zum fertigen Insekt verläuft über eine Puppenphase, in der sich die Larve in einen Seidenkokon einspinnt, in die Puppenstarre verfällt und schließlich als fertig ausgebildetes Insekt der Puppenhaut entschlüpft.

Bei der Honigbiene sieht die zeitliche Entwicklung wie folgt aus:

Die Königin, auch Weisel genannt, wird zunächst ein *Ei* in eine Zelle der Brutwabe des Nestes legen. Das frisch abgelegte Ei hat eine längliche, leicht gebogene Form mit abgerundeten Enden. Nach 3 Tagen schlüpft ein kleines 1,5 mm langes Würmchen aus, die Larve.

Die *Larve* wird nun in regelmäßigen Abständen von Ammenbienen gefüttert und gepflegt. Die Ammenbienen verabreichen den kleinen Larven ein Zucker und Eiweiß enthaltendes Sekret aus den sogenannten Futtersaftdrüsen, die sich im Kopf der Arbeiterin befinden. Wenn die Larve älter wird (etwa 6 Tage nach der Eilage), bekommt sie ein Futter, dem dann auch Honig und Pollen beigemischt sind. Die kleine Larve wächst schnell. Schon 2 Tage nach dem Schlupf aus dem Ei wird die sie umhüllende Larvenhaut zu eng, und sie häutet sich. In täglichen Abständen wird sie sich bis zur Verpuppung noch dreimal häuten. Dabei wird die Larve so groß, daß

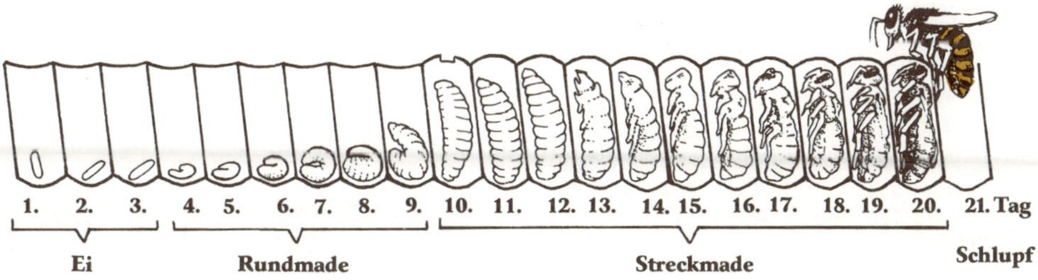

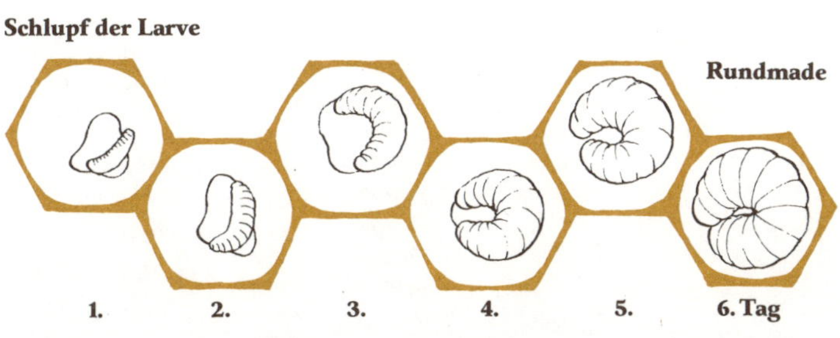

Vom Ei zum Schlupf. Ein von der Königin frisch abgelegtes Ei entwickelt sich über die Larvenstadien zur Puppe, bis schließlich eine Arbeiterin schlüpft. Unten im Bild die Larvenstadien in der Aufsicht, wie sie sich dem Imker bei der Brutkontrolle darstellen

sie nicht mehr in gestreckter Form auf dem Zellboden liegenbleiben kann. Sie muß sich krümmen und formt schließlich einen Kreis, wobei Kopf und Hinterleib zusammenstoßen. Ein Stadium, das der Imker als Rundmadenstadium bezeichnet. Letztendlich wird die Larve so groß, daß auch diese Position nicht ausreicht, um in der engen Zelle zu verbleiben. Die Larve füllt nun in ausgestreckter Form die gesamte Zelle aus *(Streckmadenstadium)*.

Die biologische Leistung, die hier vollbracht wird, ist erstaunlich. In weniger als 1 Woche nimmt das Körpergewicht der Bienenlarve um mehr als das Tausendfache zu. Die Streckmade ist so groß, daß sie mit dem Kopf aus der Zelle ragt. Sie würde herausfallen, würden die Arbeiterinnen die Zelle nicht vor Eintritt des Streckmadenstadiums mit einem luftdurchlässigen Wachsdeckel verschließen.

Die Entwicklung der Honigbiene

Tage	Königin	Arbeiterin	Drohn
1	Ei	Ei	Ei
2	Ei	Ei	Ei
3	Ei	Ei	Ei
4	Larve	Larve	Larve
5	Larve	Larve	Larve
6	Larve	Larve	Larve
7	Rundmade	Rundmade	Rundmade
8	Verdeckelung	Rundmade	Rundmade
9	Streckmade	Verdeckelung	Rundmade
10	Vorpuppe	Streckmade	Verdeckelung
11	Puppe	Vorpuppe	Streckmade
12	Puppe	Vorpuppe	Streckmade
13	Puppe	Puppe	Streckmade
14	Puppe	Puppe	Streckmade
15	Puppe	Puppe	Puppe
16	Schlupf	Puppe	Puppe
17		Puppe	Puppe
18		Puppe	Puppe
19		Puppe	Puppe
20		Puppe	Puppe
21		Schlupf	Puppe
22			Puppe
23			Puppe
24			Schlupf

Wenige Tage nach der Verdeckelung beginnt die Streckmade, sich einzuspinnen. Mit dem Sekret ihrer Spinndrüsen webt sie ein feines Gespinst um sich herum. Das Stadium der Vorpuppe beginnt. In dieser Phase finden die wesentlichen Veränderungen von der madenförmigen Larve zur klar in Kopf, Brust und Hinterleib gegliederten Puppe statt. Die *Puppe* sieht der erwachsenen Arbeiterin bereits sehr ähnlich. So kann man hier schon Beine, Fühler und Flügelanlagen deutlich erkennen. Zunächst ist die Puppe rein weiß und die äußere Haut sehr weich und empfindlich. Mit zunehmendem Alter verfestigt sich jedoch die Außenhaut und wird dunkler. Zuerst aber verändert sich die Augenfarbe von weiß zu rosa, dann wird sie rotbraun und schließlich dunkelbraun.

Die ausgewachsene Biene bleibt noch 1 Tag in der Zelle, um die Außenhaut, die ihr Skelett darstellt, völlig aushärten zu lassen. Erst dann, am 21. Tag nach der Eilage, wird sie das Puppengespinst und den Wachsdeckel durchnagen und schlüpfen. Die *Imago* ist fertig.

Bei den Geschlechtstieren (Drohn und Königin) verläuft die Embryonalentwicklung im Prinzip zwar ähnlich wie bei den Arbeiterinnen, jedoch sind die Zeitverläufe, insbesondere bei der Verpuppung, stark verschieden. Besonders rasant verläuft die Entwicklung der Königin. Sie wächst als Larve noch schneller als die Arbeiterin und wiegt 9 Tage nach der Eilage als Streckmade bei der Verdeckelung fast 200 mg. Sehr schnell verläuft auch die Puppenphase der Königin. Bereits 7–8 Tage nach der Verdeckelung der Zelle schlüpft die ausgewachsene Königin und krabbelt zunächst noch etwas unbeholfen auf der Wabe umher. Diese schnelle Entwicklung ist in erster Linie auf die Futterdiät, die die Ammenbienen der königlichen Larve zuteil werden lassen, zurückzuführen. Die Larven, die von den Bienen zu Königinnen erkoren und in speziellen Zellen, den Weiselzellen, aufgezogen werden, bekommen ausschließlich ein Sekret aus den Futtersaftdrüsen, und dies in großen Mengen. Pollen und Honig werden hier offensichtlich nicht beigemischt.

Die Drohnenbrut wird weniger fürsorglich behandelt und bekommt die schlichte Arbeiterinnenkost. Entsprechend langsamer entwickeln sich die Drohnen. Erst am 10. Tag nach der Eilage wird die Brutzelle verdeckelt, und der Drohn benötigt noch weitere 2 Wochen, bis er schließlich seine Verpuppung und Verwandlung zum ausgewachsenen Drohn vollendet hat. Wenn das Wetter allerdings dem Bienenvolk nicht sonderlich behagt und die Arbeiterinnen beschließen, daß das Füttern von Drohnenbrut unnötiger Luxus sei, so kann die Entwicklung auch länger als 24 Tage dauern. Manchmal wird die Drohnenbrutpflege völlig aufgegeben, und die Larven werden von den Bienen (z. B. bei Eiweißmangel) aufgefressen.

Im Gegensatz zu den beiden weiblichen Kasten, Arbeiterin und Königin, entstehen die Drohnen aus unbefruchteten Eiern. Das heißt: Während die Königin ein Ei legt, wird sie aus ihrer Samenblase kein Sperma freilassen. Die Königin inspiziert daher vor jeder Eilage genau, wie die Zelle beschaffen ist, in die sie als nächstes ein Ei hineinlegen will. Sie steckt hierzu beide Vorderbeine in die Zelle und bestimmt den Zelldurchmesser. Ist er klein, so wird sie ein befruchtetes Ei hineinlegen. Handelt es sich um eine größere Drohnenzelle, so wird sie ein unbefruchtetes Ei am Zellboden plazieren, aus dem sich ein Drohn entwickeln wird. Es sind

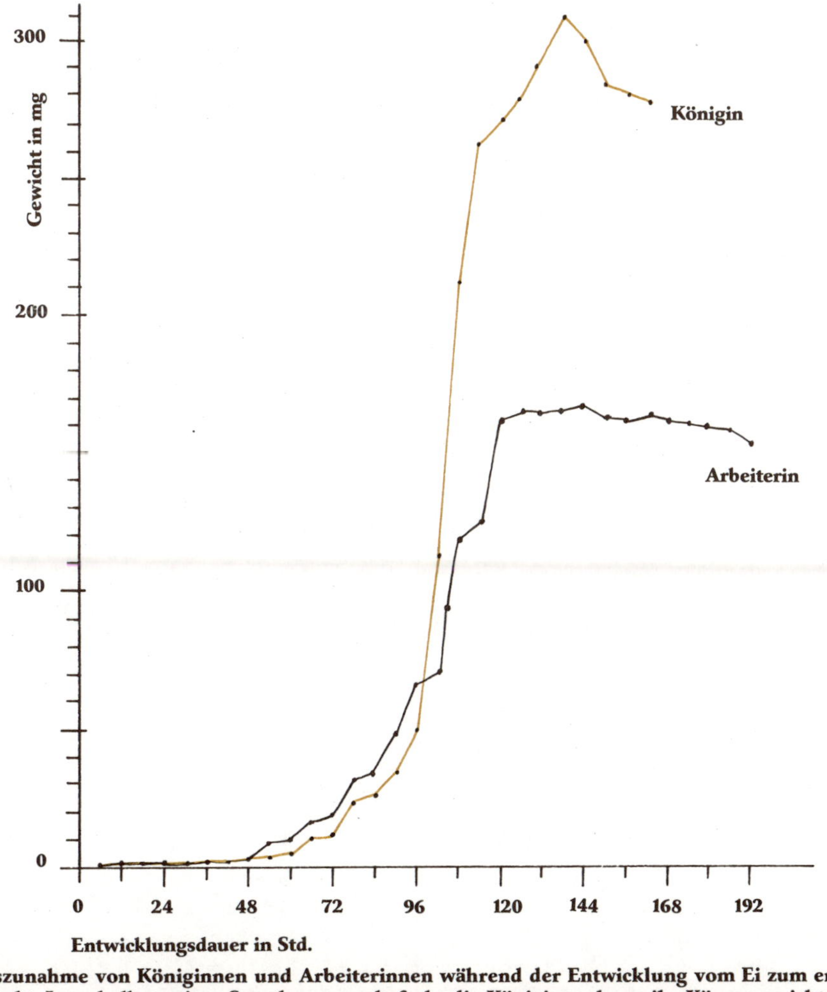

Gewichtszunahme von Königinnen und Arbeiterinnen während der Entwicklung vom Ei zum erwachsenen Insekt. Innerhalb weniger Stunden versechsfacht die Königinnenlarve ihr Körpergewicht

somit letztendlich die Arbeiterinnen, die entscheiden, wie viele Drohnen ein Bienenvolk erzeugt. Sie sind es, die die Waben bauen und die Zellgröße festlegen. Damit bestimmen sie weitgehend das Verhältnis von Arbeiterinnen und Drohnen im Bienenvolk.

Das Paarungsverhalten der Biene

Die Paarung der Bienenkönigin stellt eine biologische Besonderheit dar, die uns erst seit wenigen Jahren im Detail bekannt ist. Etwa 5 Tage nach dem Schlüpfen wird die junge unbegattete Königin das Nest für ihren Hochzeitsflug verlassen. Die Arbeiterinnen helfen hier kräftig mit und zwicken und beißen die junge Königin so lange, bis sie sich schließlich zum Flug aufrafft. Der erste dauert meist nur wenige Minuten und dient der Orientierung. Bald danach wird sie längere Flüge unternehmen und irgendwann mit dem sogenannten Begattungszeichen zurückkehren.

Bereits um 1770 erkannte Anton Janscha, der Hofimkermeister der Kaiserin Maria Theresia in Wien, die Bedeutung des Begattungszeichens. Es ist ein Teil des Begattungsschlauchs des Drohns, der bei der Paarung abreißt und in der Geschlechtsöffnung der Königin steckenbleibt. Die Königin ist nicht in der Lage, das Begattungszeichen selbst zu entfernen. Im Stock übernehmen dies die Arbeiterinnen. Man schloß aus dieser Beobachtung, daß die Königin sich nur mit einem einzigen Drohn paaren würde. Spermazählungen in der Samenblase der Königin schienen dies zu bestätigen. Etwa 5–6 Millionen Spermien lagert die Königin dort, die Hälfte der Produktion eines einzigen Drohns. Doch, wie so oft in der Wissenschaft: es war anders.

Eine direkte Beobachtung der Paarung von Drohn und Königin ist sehr schwierig, findet sie doch in einer luftigen Höhe von 20 m statt. Zudem ereignet sich die Paarung nicht in der Nähe des Nestes. Königinnen und Drohnen können bis zu 12 km weit fliegen, um sich erst dann zu treffen und zu paaren. Dabei wählen sie Areale, die über Generationen hinweg in ihrer Lage konstant bleiben, die sogenannten Drohnensammelplätze. Auf diesen Plätzen sammeln sich jahrein, jahraus zur Paarungssaison die Drohnen und Königinnen eines großen Einzugsgebietes. Wie Königinnen und Drohnen dorthinfinden, ist derzeit noch völlig ungeklärt. Durch die Drohnensammelplätze ist gewährleistet, daß sich nicht miteinander verwandte Drohnen und Königinnen paaren. Dies ist ein biologisch äußerst wichtiger Mechanismus, um Inzucht zu vermeiden. Die Vermeidung von Inzucht ist denn auch der Hauptgrund dafür, daß sich die jungfräuliche Königin nicht einfach von ihren Brüdern noch im Bienenvolk begatten läßt. Aus der Zuchterfahrung weiß man, daß Honigbienen sehr sensibel auf Inzucht reagieren. Sie führt zu einer deutlichen Verminderung der Lebensfähigkeit mit Brutausfällen und erheblichen Ertragsminderungen. Die Natur zeigt uns, welcher Aufwand von Königin und Drohn getrieben wird, um das zu vermeiden. Wie riskant diese Art der Paarung ist, wird anhand der Erfolgsraten bei der Begattung von Königinnen deutlich. Nur 70% werden bei günstigen Witterungsbedingungen erfolgreich begattet, fast ein Drittel kehrt nicht vom Hochzeitsflug zurück oder wird nicht begattet.

Die Königin geht bei der Paarung aber noch weitere Risiken ein, um den negativen Effekten der Inzucht zu entgehen. Sie paart sich nämlich nicht nur mit einem einzigen Drohn, sondern mit einer Vielzahl. Der ursprüngliche Irrglaube der Einfachpaarung konnte in einer Serie von Experimenten eindeutig korrigiert werden.

Die Abbildungen auf Seite 27 zeigen eindrucksvoll die Mehrfachpaarung der Bienenkönigin. Vor der Paarung verfolgen oft bis zu 100 Drohnen die Königin wie ein Kometenschweif. Bis zu 15 Drohnen können dabei die Königin begatten. Das Begattungszeichen in der Geschlechtsöffnung wird dabei vom nachfolgenden Drohn entfernt. Die Drohnen haben ein Borstenfeld auf ihrem Begattungsschlauch, das nur dazu da ist, das Begattungszeichen des Vorgängers aus der Geschlechtsöffnung herauszuhebeln. Die Paarung selbst ist in Sekunden beendet.

(a) (b) (c)

Die Paarung der Königin, gezeichnet nach einer Fotosequenz (Original G. Koeniger). Ein Drohn hat die Königin auf dem Drohnensammelplatz lokalisiert und setzt im Flug zur Paarung an (a). Er besteigt die Königin von hinten (b) und stülpt seinen Begattungsschlauch in die Königin. Dabei stirbt der Drohn, und in der (Abb. c) kann man erkennen, daß seine Flügel scharf in der Bildebene abgebildet sind: Sie bewegen sich nicht mehr. Nach dieser Paarung wird sich die Königin noch mit einem Dutzend weiterer Drohnen paaren

Der Drohn verfolgt zunächst die Königin in einem Abstand von 1–2 cm. Dann wird er sie im Flug von hinten besteigen, mit einem Knall (dies kann man am Boden hören) seinen Begattungsschlauch herausstülpen und in die Königin hineinpressen. Er pumpt dabei sein gesamtes Blut in den Begattungsschlauch, stirbt sofort und fällt zu Boden. Nur das Begattungszeichen verbleibt in der Königin und schaut als kleines weißes Fleckchen aus ihrer Stachelkammer heraus. Der nächste Drohn entfernt das Begattungszeichen und begattet dann seinerseits die Königin.
Wenn sich die Königin bei ihrem ersten Hochzeitsflug mit zu wenigen Drohnen gepaart hat, so wird sie noch weitere Paarungsflüge unternehmen, und zwar so lange, bis sie ausreichend Sperma in ihrer Samenblase gesammelt hat. Danach wird sie nie mehr zur Paarung ausfliegen. Ist die Paarung erfolgreich vollendet, so wird die Königin innerhalb weniger Tage ihre Eierstöcke zu voller Funktionsfähigkeit entwikkeln und mit der Eilage beginnen.
Das Sperma der Drohnen wird zunächst in die Eileiter der Königin gepreßt. Aber nur etwa 10% des Spermas, das von den Drohnen übertragen wurde, wird auch tatsächlich genutzt und gelangt in die Samenblase der Königin. Der größte Teil (90%) wird, nachdem die Königin wieder im Volk ist, herausgepreßt und von den Arbeiterinnen entfernt. Bemerkenswert ist, daß dennoch Sperma von allen begattenden Drohnen in die Samenblase wandert und somit für eine hohe genetische Vielfalt im Bienenvolk sorgt.

Das Leben der Biene

Das Bienenvolk bestach den menschlichen Beobachter schon von jeher durch seine Fähigkeit, die Tätigkeiten der scheinbar planlos durcheinanderlaufenden Bienen zu einem sinnvollen und funktionierenden Ganzen zu koordinieren. Schon aus Aristoteles' Zeiten finden wir Berichte, daß Bienen eine Arbeitsteilung betreiben. Heute haben wir zwar konkrete Vorstellungen davon, wie diese Arbeitsteilung geregelt wird, wir sind aber nach wie vor noch weit davon entfernt, alle Vorgänge im Bienenvolk erforscht zu haben oder sie bis ins letzte Detail zu verstehen.

Die Arbeitsteilung

Das Alter der Arbeitsbienen scheint einen wesentlichen Einfluß auf die Tätigkeitsmerkmale zu haben.
Man teilt dabei grob in drei Perioden auf:

- Pflege der Brut
- Arbeit im Nest
- Außendienst

Die frisch geschlüpfte Biene wird in den ersten Stunden nach dem Schlupf erst einmal gar nichts machen, außer Futter aufzunehmen und sich in der neuen Freiheit zurechtzufinden. Mit zunehmender Geschicklichkeit wird sie zunächst mit der Reinigung und der Inspektion von Zellen beginnen. In dieser Zeit wachsen die Futtersaftdrüsen heran, und die Biene wird in zunehmendem Maß zunächst ältere, später jüngere Brut pflegen und füttern.

Am Ende dieser Periode werden die Arbeiterinnen einen ersten Orientierungsflug unternehmen, auf dem sie die nähere Umgebung des Nestes erkunden. Solche Flüge werden sie ab dem 9. oder 10. Tag in unregelmäßigen Abständen wiederholen. Oft kommt es dabei an schönen Sommertagen zum sogenannten *Vorspiel*. Alle jungen Bienen führen dann gemeinsam und zur gleichen Zeit solche Orientierungsflüge durch. Von weitem und für den unerfahrenen Imker erweckt dies leicht den Eindruck, als wolle das Volk schwärmen. Tausende von Bienen schwirren dann vor dem Flugloch. Bei näherem Hinsehen kann man dieses Phänomen jedoch klar vom Schwarmverhalten unterscheiden. Die Bienen sind beim Vorspiel mit dem Kopf zum Flugloch orientiert, um sich so Lage und Form des Nesteingangs einzuprägen. Beim Schwarm dagegen drängen die Bienen zum Nest hinaus, eine Ausrichtung der Bienen auf das Flugloch kann man nicht erkennen.

Etwa ab dem 13. Tag beginnen die Bienen mit der Arbeit am Nest. Die Futtersaftdrüsen bilden sich schnell zurück, und die Wachsdrüsen am Hinterleib beginnen mit der Produktion von Wachsplättchen. In dieser Phase übernehmen die Bienen die Stockreinigung: tote Bienen und Abfälle werden hinausbefördert. Der Pollen wird in die Zellen gestampft, der eingetragene Nektar durch Wasserentzug und Behandlung mit Fermenten zu Honig verarbeitet. In dieser Lebensphase wird sich die Biene am Wabenbau beteiligen und Ritzen und Spalten in der Nisthöhle mit Kittharz, das von den Sammlerinnen eingetragen wurde, verschließen.

Mit zunehmendem Alter verlagern sich die Tätigkeiten der Bienen mehr und mehr nach außen. Einige Arbeiterinnen werden zu Wächterbienen (etwa 18.–20. Lebenstag) und inspizieren am Flugloch jeden Ankömmling genau. Jede Biene, die in das Nest hinein will, wird mit den Fühlern betastet. »Riecht« der Ankommende so wie die anderen Nestmitglieder, wird er eingelassen. Fremde werden sofort scharf attackiert und vertrieben oder gar getötet. Diese Bienen sind es, die dem Imker den meisten Ärger bereiten. Sie haben eine hohe Verteidigungsbereitschaft und sind die schnelle Einsatztruppe des Bienenvolks, wenn es gilt, Angreifer (und Imker) abzuwehren. Droht Gefahr für das Volk, so setzen sie einen Duftstoff, das Alarmpheromon, frei und alarmieren und rekrutieren in wenigen Sekunden mehrere hundert Nestgenossinnen für die Kolonieverteidigung.

Die meisten Bienen überspringen die Wächterphase und widmen sich nach der Innendienstphase gleich vollends dem Außendienst. Im Alter über 20 Tage werden sie zu Sammlerinnen und tragen Pollen, Nektar, Wasser und Kittharz ein. Man kann dabei häufig beobachten, daß Arbeiterinnen sich spezialisieren. Es gibt Pollensammlerinnen, die man nie auf Nektarsuche sehen wird. Nektarsammlerinnen sieht man nur selten beim Eintragen von Kittharz. Eine weitere Gruppe von Außendienstarbeiterinnen nimmt offenbar eine Sonderrolle ein. Es sind die sogenannten »scouts« (Pfadfinder). Sie erkunden neue Trachtquellen und sind beim Schwärmen für die Suche nach der neuen Nestbehausung verantwortlich. Sie sind für das Bienenvolk von ganz entscheidender Bedeutung, um schnell auf geänderte Trachtverhältnisse reagieren zu können. Unabhängig von der Altersstruktur kommt es also zu einer Arbeitsteilung, deren Ursachen uns noch weitgehend unbekannt sind. In neuester Zeit gibt es Hinweise, daß möglicherweise genetische Mechanismen bei der Arbeitsteilung im Bienenvolk eine große Rolle spielen.

Die Sammlerinnen werden ihre Tätigkeit bis zu ihrem Lebensende durchführen. Hierbei ist allerdings zu bemerken, daß nicht einmal die Hälfte aller Bienen diesen Lebensabschnitt erreicht. In starken Trachtperioden, wenn der Umsatz an Arbeitsbienen hoch ist, beträgt das mittlere Lebensalter nicht mehr als 2 Wochen! Die Hälfte der jungen Bienen ist nach diesem Zeitraum bereits tot. Nur ein kleiner Teil der Arbeiterinnen wird also das Sammlerinnenalter erleben oder Wächterbiene werden. Zudem ist das Schema der Arbeitsteilung nicht starr. Wenn Not an der Biene ist, können sogar alte Sammlerinnen ihre Futtersaftdrüsen wieder entwickeln und Brutpflege übernehmen. Bei Verlust der Königin können Arbeiterinnen sogar ihre Eierstöcke entwickeln und selbst Eier legen und Nachkommen produzieren. Bei unseren europäischen Bienen erzeugen die legenden Arbeiterinnen ausschließlich Drohnenbrut, da die Eier unbefruchtet sind. Ein weiselloses Bienenvolk kann auf diese Weise noch Hunderte von Drohnen erzeugen. Auch wenn dies für den Imker meist wenig nützlich ist (er kann das Volk nicht weiterverwenden), so hat dies im biologischen Zusammenhang doch eine erhebliche Bedeutung. Die Drohnen als männliche Geschlechtstiere paaren sich mit Königinnen, und das Erbgut des weisellosen Volkes bleibt in der Population erhalten, auch wenn das Volk schließlich an überalterten Arbeiterinnen zugrunde geht.

Die Verständigung im Bienenstaat

Die Tanzsprache

Eine der größten Errungenschaften der Verhaltensforschung und einige der aufregendsten Erkenntnisse der Bienenbiologie stellen die in diesem Jahrhundert entstandenen Arbeiten des österreichischen Biologen und Nobelpreisträgers Karl von Frisch über die Tanzsprache der Honigbiene dar. Bienen haben ihre Sammelstrategien so weit verfeinert, daß sie die Möglichkeit haben, ihren Nestgenossinnen Lage und Ertrag einer Futterquelle mitzuteilen. Sie haben hierzu eine Tanzsprache entwickelt, die in der Biologie eine Einmaligkeit darstellt. Folgendes Beispiel soll diesen wirkungsvollen und faszinierenden Mechanismus verdeutlichen.
Eine Biene findet 2 km vom Standort des Bienenvolks entfernt im Südosten ein Rapsfeld mit reicher Tracht. Sie saugt ihren Honigmagen voll mit Nektar und macht sich auf den Heimweg. Sie muß sich genau merken, wie weit der Futterplatz entfernt ist und in welcher Richtung er liegt. Sie merkt sich außerdem den Kirchturm, der nur 100 m vom Rapsfeld entfernt steht und bereits vom Stock aus gut zu sehen ist. Im Stock angekommen, muß sie dies den anderen Arbeiterinnen mitteilen. Ein schwieriges Unterfangen, wenn man keine Landkarte und keinen Kompaß hat. Zudem kann man im Bienenkasten die Außenwelt nicht sehen und einfach in die Richtung des Futterplatzes zeigen. Die Waben, auf denen sich die Bienen befinden, die unsere Biene zum Futterplatz locken will, hängen vertikal. Sie muß also in einem stockfinsteren Kasten und ohne Sicht der Außenwelt auf einer im Lot hängenden Ebene die Lage des Futterplatzes vermitteln. Wir Menschen wären hoffnungslos verloren. Die Biene weiß sich jedoch zu helfen.
Sie macht einen sogenannten Schwänzeltanz auf der Wabe. In diesem Tanz durchläuft die Tänzerin eine liegende Acht. Die Strecke, an der die beiden kleinen Kreise der Acht zusammenstoßen, gibt die Richtung des Futterplatzes an. Während die Biene diese Strecke durchläuft, führt sie intensive Schwänzelbewegungen durch. Intensität und Frequenz der Schwänzelbewegungen geben Aufschluß über die Qualität des Futters und die Entfernung der Futterquelle. Acht bis zehn Arbeiterinnen folgen der Tänzerin dicht auf den Fersen und lernen so, wo sich der neue Futterplatz befindet. Die Bienen setzen dabei instinktiv die Oberkante der Wabe als Position der Sonne und entnehmen dem Winkel zwischen Tanzrichtung und Wabenlot die Richtung des Futterplatzes. Der Geruch des eingetragenen Nektars spielt zudem eine große Rolle bei der Übermittlung der Information. Die von der Tänzerin rekrutierten Bienen werden bald am Rapsfeld erscheinen. Anhand des Geruchs können sie überprüfen, ob sie an der richtigen Stelle gelandet sind und hier den

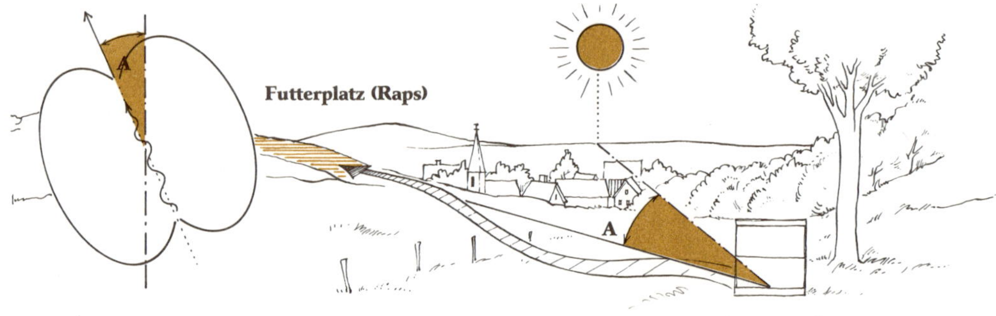

Schematische Darstellung des Schwänzeltanzes. Eine Sammlerin hat eine reiche Nektarquelle links vom abgebildeten Kirchturm gefunden. Im Stock wird sie ihren Nestgenossinnen Richtung und Entfernung vermitteln. Die Abbildung zeigt die Tanzrichtung auf der Wabe. Die Biene zeigt dabei den Winkel (A) zwischen Sonnenstand und Futterplatz an

Rapsnektar in der versprochenen Qualität und Quantität vorfinden.

Die Neuankömmlinge werden ins Volk zurückfliegen und nun ihrerseits tanzen und andere Sammlerinnen rekrutieren. Die erfahrenen Bienen werden sich jetzt nicht mehr am Sonnenstand, sondern an Landmarken (z. B. der Kirchturm) orientieren. In kürzester Zeit wird eine große Bienenschar auf dem Rapsfeld sein, um die ergiebige Trachtquelle zu nutzen. Die Tanzsprache ist nur durch den außerordentlichen Zeit- und Sehsinn der Honigbiene realisierbar. Da die Sonne im Lauf eines Tages von Osten nach Westen wandert, muß die Biene entsprechend flexibel sein; d. h., daß unser Futterplatz um 11.00 Uhr durch einen anderen Winkel angezeigt wird als später um 15.00 Uhr.

Die Tanzsprache funktioniert aber auch, wenn die Sonne durch Wolken verdeckt ist. Ein kleiner Ausschnitt blauen Himmels genügt den Bienen zur Orientierung. Sie sind mit Hilfe eines wunderbaren optischen Systems in der Lage, polarisiertes Licht zu erkennen. Der blaue Himmel zeigt abhängig vom Sonnenstand eine bestimmte Polarisation, die die Biene erkennen kann. Hieraus schließt sie dann auf den Stand der Sonne und findet mit der gewohnten Sicherheit den Futterplatz. Durch entsprechende Filter können übrigens auch dem Men-

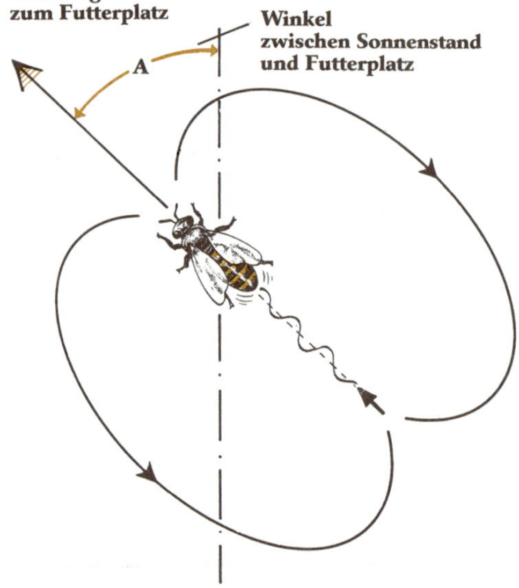

Die Position der Sonne ist der Fixpunkt für die Tanzrichtung. Im Bienenstock, in dem die Sonne natürlich nicht sichtbar ist, nimmt die Biene das Lot als Fixpunkt. Sie setzt dabei die Position der Sonne oben. Die Tanzrichtung auf der Wabe weicht nun genau um den Winkel vom Lot ab, den Futterplatz und Sonne vom Stock aus gesehen aufweisen (Winkel A)

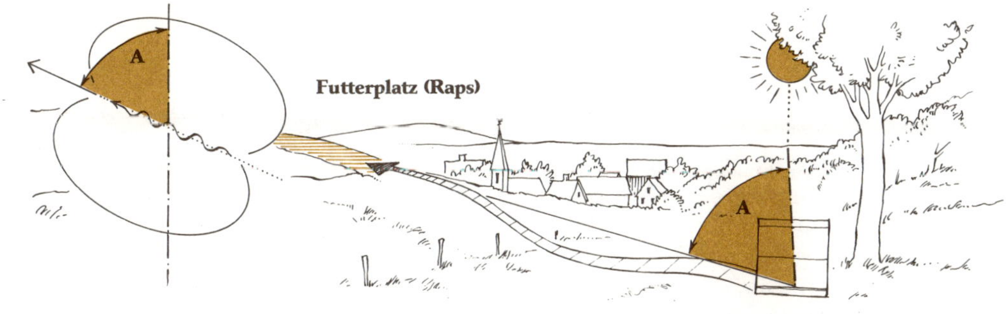

Verschiebt sich im Laufe des Tages die Position der Sonne, so ändert sich auch der Tanzwinkel

schen Muster polarisierten Lichtes sichtbar werden. Autofahrer beispielsweise, die Sonnenbrillen mit Polarisationsfiltern tragen, werden die Polarisationsmuster »ihrer« Windschutzscheibe kennen, die bei gehärtetem Glas auftreten (bei Verbundscheiben gibt es dieses Muster allerdings nicht).

Neben dem Schwänzeltanz gibt es noch den sogenannten Rundtanz, mit dem Bienen ungerichtet Futterquellen in nächster Nähe des Stockes anzeigen (<25 m). Die Bienen laufen dabei in engen Kreisen, ohne durch Schwänzeln eine Richtung anzuzeigen. Als Übergangsform zwischen Rund- und Schwänzeltanz ist der Sicheltanz zu bewerten. Der Tanzkreis des Rundtanzes öffnet sich dabei in Richtung des Futterplatzes.

Obwohl sich die Bienen hier eines ausgeklügelten Kommunikationssystems bedienen, sollten wir immer im Auge behalten, daß es sich hier nicht um besondere intellektuelle Leistungen der Bienen handelt. Die Tanzsprache ist den Bienen angeboren, und instinktiv setzen sie die Tanzmuster in Richtungsinformation um.

Die chemische Verständigung

Neben der Tanzsprache bedienen sich die Bienen noch eines hochleistungsfähigen chemischen Verständigungssystems. Duftstoffe, von denen wir bis jetzt nur einen kleinen Bruchteil kennen und chemisch analysiert haben, regeln weite Bereiche des sozialen Lebens. Man nennt diese Duftstoffe auch Semiochemikalien oder Pheromone, da es Stoffe sind, die die Verständigung von Individuum zu Individuum ermöglichen. Die untenstehende Tabelle faßt die

Pheromon	Sender	Empfänger	Wirkung
Königinnen-substanz	Königin	Arbeiterin Drohnen	unterdrückt Ovarentwicklung; bei Fehlen: Weiselunruhe, Schwarmorientierung Sexuallockstoff auf dem Drohnensammelplatz
Sterzel-pheromon	Arbeiterin	Arbeiterin	Orientierung am Flugloch, Schwarmlenkung
Alarm-pheromon	Arbeiterin	Arbeiterin	Alarmierung bei Nestverteidigung
Brutpflege-pheromon	Puppen	Arbeiterin	Temperaturregulation, Erkennung der Brut

wichtigsten derzeit bekannten Semiochemikalien von Honigbienen und ihre Funktion im Bienenvolk zusammen.

Der soziale Futteraustausch

Ein weiteres wesentliches Mittel zur Kommunikation ist das soziale Fütterungsverhalten von Bienen. Betrachtet man ein Bienenvolk in einem Beobachtungsstock, so kann man sehen, daß die Bienen häufig Fühlerkontakt mit Nestgenossinnen aufnehmen. Bei genauem Hinsehen erkennt man, daß eine der beiden Bienen ihre Mundwerkzeuge *(Mandibeln)* weit auseinanderreißt, während die andere ihren Rüssel ausstreckt. Es findet hier ein Futteraustausch statt. Die Biene mit den geöffneten Mandibeln gibt Futter aus ihrem Honigmagen an die sie anbettelnde Biene. Eine kleine Menge Honig verteilt sich in wenigen Stunden völlig gleichmäßig im Bienenvolk. Die Fütterungskontakte dienen aber nicht nur dazu, die einzelnen Individuen im Nest gleichmäßig am eingetragenen Honig teilhaben zu lassen, sondern auch der Übermittlung wichtiger Informationen über den Zustand und die Bedürfnisse des Bienenvolks. So wird z. B. mitgeteilt, ob Nahrungs-

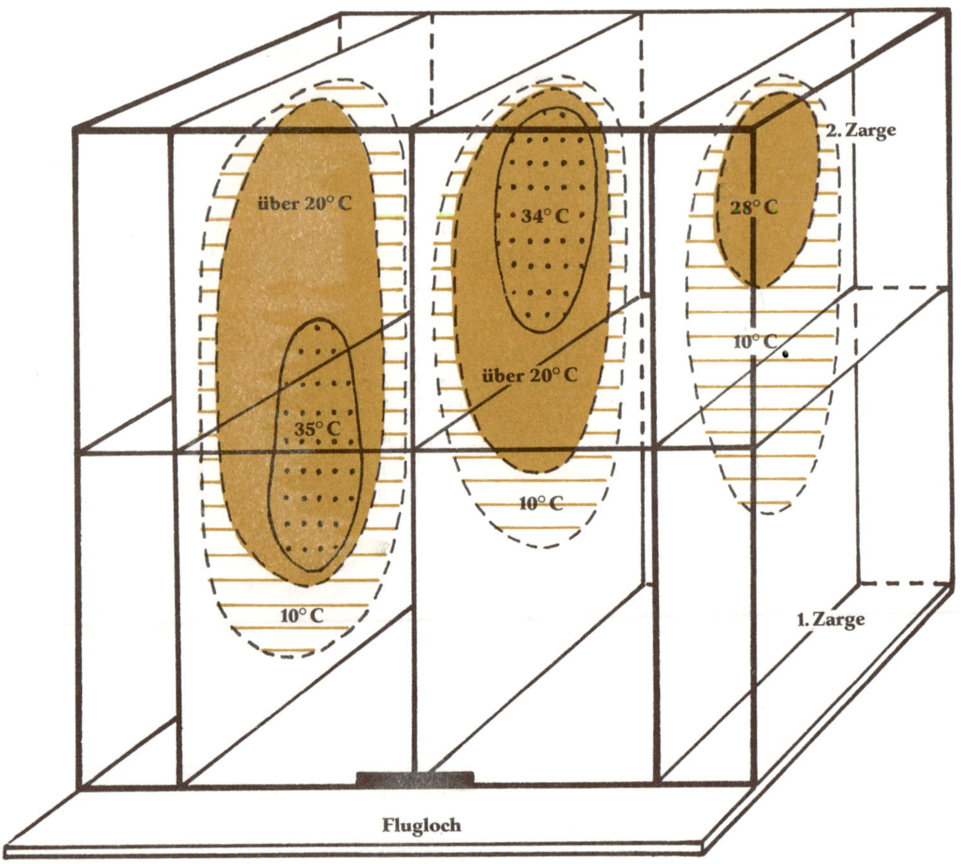

Temperaturverteilung in einem Bienenstock bei einer Außentemperatur von 4 °C. Die Temperatur wurde auf sechs ausgewählten Waben mit Thermoelementen gemessen. Im Brutbereich erzeugen die Bienen eine Temperatur von 34–35 °C. Die durchgezogene Linie umfaßt den Temperaturbereich über 30 °C. Die gestrichelten Linien stellen die 20 °C und die 10 °C Isothermen dar

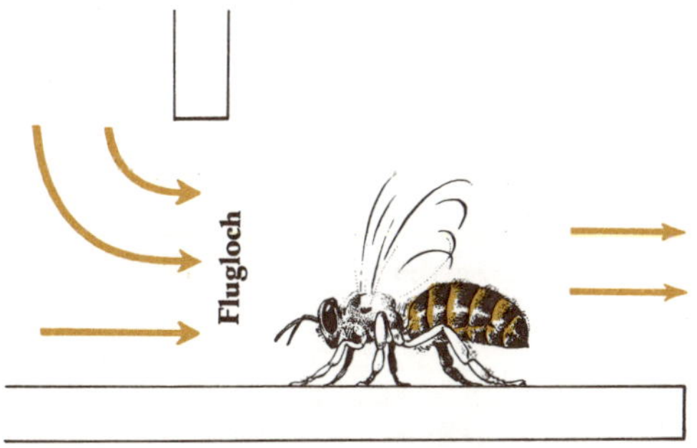

Bei hohen Temperaturen betreiben die Bienen eine aktive Luftumwälzung in der Beute. Dutzende von Bienen können an warmen Tagen so vor dem Flugloch sitzen und fächeln

knappheit im Volk herrscht oder verstärkt Wasser eingetragen werden soll. Die Geschwindigkeit und die Intensität, mit denen die Stockbienen den Sammlerinnen ihr Sammelgut abnehmen, regeln das Eintrageverhalten der Außendienstbienen. Wird z. B. das Wasser schnell abgenommen, so werden sie ihre Sammeltätigkeit verstärkt fortsetzen. Wird nichts abgenommen, so stellen sie prompt ihre Tätigkeit ein.

Die Regulierung des Nestklimas

Die isolierte Honigbiene ist ein wechselwarmes Tier; d. h., ihre Körpertemperatur gleicht sich der Lufttemperatur an. Das Bienenvolk verhält sich jedoch wie ein warmblütiges Tier und ist in der Lage, auch bei kältesten Temperaturen (bis −80° Celsius!) eine Nesttemperatur von über 30° Celsius beizubehalten. Die Bienen erzeugen die Wärme mit Hilfe ihrer Flugmuskulatur. Sie klinken dabei die Flügel aus der Flugmechanik aus und vibrieren mit den Muskeln. Wie bei jeder Muskelarbeit wird hierbei Wärme frei, die an benachbarte Bienen abgegeben werden kann. Die Bienen selbst haben dabei eine sehr hohe Wärmeleitfähigkeit, was besonders im Zentrum der Bienentraube günstig ist, um die Wärme gleichmäßig zu verteilen. Am Rand der Traube wäre jedoch eine schlecht wärmeleitende Isolierschicht vorteilhafter. Hier treten die Bienenwaben in Aktion. Sie sind ein idealer Isolator gegen Wärmeverlust. Die Bienen können die Zellen noch mit ihrem Körper abdekken, so daß die leeren Zellräume als weitere hocheffiziente Isolatoren dienen.

Bei zu hohen Außentemperaturen reagieren die Bienen mit Ventilieren. Man kann an heißen Tagen oft Dutzende von Arbeiterinnen am Flugloch sehen, die mit aller Gewalt Luft aus dem Kasten herausfächeln. Durch Verdunstung von Wasser wird die Temperatur im Volk dadurch merklich gesenkt. An solchen Tagen ist es daher auch wichtig, daß die Bienen hinreichenden Zugang zu Wasserquellen haben. Solange keine extrem warmen oder kalten Temperaturen auftreten, regulieren die Bienen die Temperatur im Volk einfach durch die Dichte des Volksverbands. Bei kalten Temperaturen rücken die Arbeiterinnen dichter zusammen, während bei Wärme auseinandergerückt wird, um einen Luftzug durch das Volk zu ermöglichen.

Das Verteidigungsverhalten

Das Verteidigungsverhalten stellt besonders für die Freizeitimkerei eine wichtige Eigenschaft des Bienenvolks dar. Hobby-Imker wollen ihre Bienen verständlicherweise in Wohnungsnähe und damit in dicht besiedelten Gebieten aufstellen. Stechlustige Bienenvölker können dort jedoch oft zu Problemen bei der Bearbeitung und mit den Nachbarn führen. Ein Bienenstich zur falschen Zeit am falschen Ort war schon oft das Ende mancher Imkerei.

Die Wächterbienen spielen dabei die zentrale dubiose Rolle. Sie organisieren das Verteidigungsverhalten des Bienenvolks. Im Fall von Gefahr alarmieren sie in wenigen Sekunden ihre Stockgenossinnen mit einem Duftstoff ihres Stachelapparates. Wer öfter mit Bienen arbeitet, kennt diesen Duft, der an Bananen erinnert, und weiß ihn zu fürchten. Eine Hundertschaft alarmierter Bienen wird nämlich sofort aus dem Kasten sausen, und jeder Angreifer wird gnadenlos attackiert. Je nach

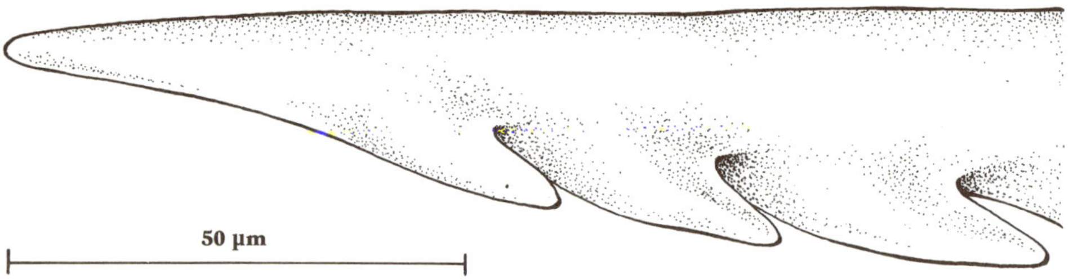

Stechborste des Stachels einer Arbeiterin. Beim Stich in die zähe Haut des Menschen verhaken sich die Widerhaken, und der gesamte Stachelapparat wird der Biene aus dem Hinterleib gerissen. Die Biene stirbt danach

Temperament der Bienen können solche Verteidigungssituationen mehr oder minder gefährlich ausfallen.
Generell ist zu sagen, daß die Bienen in unseren Breiten, speziell Bienen der Carnica-Rasse, eher sanftmütig sind. Dies ist der Erfolg jahrzehntelanger Zuchtbemühungen der gesamten Imkerschaft. Wildlebende Bienen, wie wir sie zum Beispiel in Afrika finden, reagieren hingegen oft sehr eindrucksvoll und können für den Menschen gefährlich werden. In solchen Fällen ist das Tragen eines Schutzanzugs bei der Arbeit an den Bienen unerläßlich. Das gestochene Opfer bleibt noch über längere Zeit für die angreifenden Bienen attraktiv, da die Stachelapparate – und damit die Quellen für den Alarmierungsduft – in der Haut hängenbleiben. Die meisten der alarmierten Bienen, die uns bei einer Kolonieverteidigung mit einem bedrohlich klingenden, hohen Ton umschwirren, werden jedoch nicht stechen. Primäres Ziel ist es, den Angreifer zu vertreiben und ihn zu belehren, kein zweites Mal an das Nest heranzugehen. Die Bienen haben keinerlei Vorteil dadurch, daß angreifende Säuger getötet werden. Im Gegenteil: wenn der mutige Urmensch, der von Bienen gestochen wurde, zu seinem Stamm und seiner Familie zurückkehrt, so soll er dort über die grausamen Bienen berichten und alle davor warnen, sich ihnen zu nähern!
Bienen haben mit ihrem Alarmierungs- und Verteidigungsverhalten ein äußerst ausgeklügeltes System entwickelt, um gerade bei lernfähigen Säugern eine bleibende Abschreckung zu erzielen.

Der Schwarm

Ein weiteres eindrucksvolles Beispiel sozialer Koordination stellt die Kolonievermehrung oder das Schwärmen dar. Die Vorbereitungen zum Schwärmen finden im späten Frühjahr statt. Die Arbeiterinnen werden zunächst eigens Zellen vorbereiten, in denen Königinnen gezogen werden können. In diese Zellen wird die Königin Eier legen, die von den Ammenbienen mit Königinnenfuttersaft versorgt werden. Sobald diese Schwarmzellen verdeckelt sind, kann man im Volk Unruhe und Unordnung feststellen. Die alte Königin wird oft hin und her gerissen und von den Arbeiterinnen an der Eilage gehindert. Dies führt dazu, daß sich die Eierstöcke der Königin zurückentwickeln und sie wieder voll flugfähig wird. Wenige Tage vor dem Schlupf der ersten Jungköniginnen findet dann ein immer wieder beeindruckendes Schauspiel statt.
Zur warmen Mittagszeit drängen sich plötzlich Tausende von Arbeiterinnen zum Flugloch. Die Königin wird mitgerissen, und etwa die Hälfte des Bienenvolks zieht aus der alten Behausung aus. Zunächst fliegen alle in Kreisen um die alte Beute. Schließlich sammelt sich der Schwarm jedoch an einem Ast in einem nahen Baum. Die Königin und ihre Duftstoffe sind hierbei von entscheidender Bedeutung. Dort, wo die Königin sich hinsetzt, wird sich auch der Schwarm niederlassen. Die Spurbienen beginnen nun mit ihrer Arbeit: der Suche nach einer geeigneten Nisthöhle. Es kann oft tagelang dauern, bis der Schwarm sich für ein neues Domizil ent-

schließt. Das Kommunikationssystem ist ganz ähnlich dem oben beschriebenen Schwänzeltanz. Die Bienen tanzen jedoch mangels Waben auf dem sogenannten Tanzboden des Schwarms und zeigen die Richtung der neuen Behausung an. Der Schwarm löst sich dann wieder auf und zieht um. Die Spurbienen sausen dabei in Richtung des neuen Nistplatzes von hinten nach vorne durch den fliegenden Schwarm hindurch. Im neuen Nest werden erneut die Duftstoffe der Nasanoffschen Drüsen der Arbeiterinnen für die Orientierung der noch nicht angekommenen Bienen eingesetzt. Die Bienen fangen sofort mit dem Wabenbau an, und die Königin wird in kürzester Zeit mit der Eilage beginnen.

Im Altvolk schlüpft in der Zwischenzeit eine junge, unbegattete Königin. Sie hat nun prinzipiell zwei Möglichkeiten. Entweder sie schwärmt ebenfalls mit der Hälfte der verbliebenen Bienen, oder sie verbleibt im Nest. Im letzteren Fall wird sie alle anderen Königinnenzellen vernichten, die vom Volk angelegt wurden. Schlüpfen zwei Königinnen gleichzeitig, so beginnt ein Kampf um Leben und Tod. Nur eine einzige Königin wird überleben und dem Volk voranstehen. Völker mit mehr als einer Königin müssen in unseren Breiten als ausgesprochene Kuriosität angesehen werden. Dieses Phänomen tritt meist dann auf, wenn die alte Königin überaltert ist und nicht geschwärmt hat. Die junge Tochterkönigin kann dann gleichzeitig mit der alten Mutter im Volk gefunden werden. Bei tropischen Bienenrassen kommt es jedoch häufiger vor, daß auch einmal mehr als eine Königin im Volk vorhanden ist.

Prinzipiell ist zum Schwarmvorgang zu sagen, daß er den Biologen nach wie vor viel Kopfzerbrechen bereitet. Das Risiko, das die Bienenvölker beim Schwärmen auf sich nehmen, ist größer als bei allen anderen Arten sozialer Insekten, die auch eine Kolonieteilung als Vermehrungsstrategie betreiben.

Warum zieht die begattete Königin aus der alten Niststätte aus und nicht die junge, unbegattete? Warum töten sich die jungen Königinnen im Volk bereits ab, bevor die erste erfolgreich begattet ist und Eier legt? Warum wird nicht, bevor der Schwarm auszieht, eine neue Nisthöhle gesucht? Denn der Umzug der Bienen sieht so aus, daß erst einmal die Möbelspedition bestellt wird. Die packt alles in den Möbelwagen, der zwei Straßen weiter im Halteverbot abgestellt wird. Dann erst fängt man an zu überlegen, wohin man denn eigentlich ziehen wollte und wie groß die neue Behausung sein soll. Findet man nicht rechtzeitig etwas Geeignetes, so wird man statt der erhofften Wohnung einen saftigen Strafzettel bekommen, für die Bienen ist dies meist tödlich.

Das Bienenvolk – ein Superorganismus

Der Imker erkannte schon früh das enge soziale Gefüge des Bienenvolks und betrachtete es als eine biologische Einheit. Der »Bien« war im alten Imkerlatein ein gängiger Begriff für das Bienenvolk.

Das Bienenvolk besteht nun zwar aus vielen tausend Einzelindividuen, aber dennoch scheint diese alte Betrachtungsweise so falsch nicht. Tatsächlich gibt es viele Parallelen zwischen Säugetieren und Bienenvölkern. So konnte man erst kürzlich zeigen, daß Bienenvölker – ganz ähnlich wie Säuger – eine Atmung aufweisen. Sie zeigen eine Einatmungsphase, in der die Luft zum Flugloch eingesogen wird; es folgt ein Ausatmen, bei dem die verbrauchte Luft zum Flugloch hinausventiliert wird. Die einzelnen Bienen sitzen nun natürlich nicht im Kasten und atmen auf Kommando ein und aus (sie haben einen Gasaustausch über die Tracheen, die konstant im Volumen sind und keine Atmung wie bei Lungen ermöglichen). Es ist vielmehr die Luftbewegung, die durch die fächelnden Bienen erzeugt wird, die wir am Flugloch messen können. Verblüffend sind allerdings die Parallelen zur Atmung von Säugern während des Tages und der Nacht. Wie bei schlafenden Säugern wird die Atemfrequenz auch bei Bienenvölkern reduziert, und vor dem »Schlafengehen« findet man Atemphänomene, die ganz ähnlich unserem Gähnen sind. Ein Völkchen mit etwa

10 000 Bienen ist einem Murmeltier in seinen Atemkenngrößen vergleichbar.
Betrachtet man die soziale Stoffwechselleistung und die schnellen Datenvermittlungsbahnen im Volk, so ergibt das Bienenvolk in seiner Gesamtheit in der Tat eine Struktur, die man sinnvoll als Superorganismus bezeichnen kann. Der große Unterschied zum echten Organismus indes liegt weniger auf der funktionellen als auf der genetischen Ebene. In einem klassischen biologischen Organismus sind – außer Ei- und Samenzellen – alle Zellen genetisch gleich, da sie von nur einer befruchteten Eizelle abstammen. Im Superorganismus »Bienenvolk« unterscheiden sich die einzelnen Mitglieder genetisch, da durch die Vielfachpaarung der Königin verschiedene Väter für die Arbeiterinnen auftreten.
Der Imker jedoch betrachtet das Bienenvolk als solches als eine biologische Einheit, der er sein Hauptaugenmerk zuzuwenden hat. Die einzelne Arbeiterin, die Königin oder der Drohn sind nur kleine Rädchen im großen Gefüge. Der Imker benutzt Worte, die sprachlich in ihrer ursprünglichen Bedeutung eher pflanzliche Organismen ansprechen [Bienenstock, Ableger (Bildung eines neuen Volkes aus einem kleinen Teil eines bereits existierenden Volkes)] oder das Volk als eigenständiges Individuum beschreiben (der »Bien«).

Die Geschichte der Bienenhaltung

Die Bienenhaltung der Vorzeit

Vor über 100 Millionen Jahren waren die Blütenpflanzen dabei, sich auf der Erde zu verbreiten. Die Blüten entwickelten sich zu attraktiven Werbesignalen für bestäubende Insekten. Der süße Nektar stellte die Belohnung für die Übertragung des Pollens dar. Es sollte allerdings noch viele Millionen Jahre dauern, bis aus dem Nektar ein lagerfähiger Honig wurde.

Vor etwa 25 Millionen Jahren, im Miozän, traten zum ersten Mal Honigbienen auf, die den Nektar sammelten, eindickten und als Honig in Waben lagerten. Es war die Zeit der Entstehung der Alpen, der Rhönvulkane und des Rheintals. Zu dieser Zeit entwickelten sich auch die ersten Affen, die sicher dem süßen Honig nachstellten und für die Bienen eine ständige Bedrohung darstellten. Die Verteidigung des Honigvorrats insbesondere gegen Säugetiere wurde somit zu einer überlebenswichtigen Eigenschaft für Bienenvölker. Der Grundstein zum hochentwickelten Wehrstachel, der uns heute oft schmerz-

Diese prähistorische Höhlenzeichnung aus Afrika zeigt einen Honigjäger auf einer Leiter unterwegs zum Bienennest in einer Höhle

hafte Erfahrungen machen läßt und zu einem ausgeklügelten Alarmierungssystem für eine der effizientesten Verteidigungsstrategien von Tieren gehört, war gelegt.
Der Honig stellte schon früh in der Entwicklungsgeschichte der Menschheit eine hochwertige Nahrungsquelle dar. Erste Belege für die Jagd des Menschen nach Honig datieren bis in die letzte große Eiszeit, d. h. bis etwa 30 000–9000 v. Chr., zurück. Unsere Kenntnisse stammen dabei hauptsächlich von prähistorischen Höhlenzeichnungen aus der Frühsteinzeit. Diese Zeichnungen, die man besonders häufig in Höhlen in Ostspanien findet, lassen eine sehr genaue Rekonstruktion der Technik zu, mit der unsere Vorfahren ihren Honig gewonnen haben. Es war ein riskantes Unternehmen, und nicht selten mußte mancher Mensch auf der Honigjagd sein Leben lassen.
Ein mutiger Mann im Lendenschurz hangelt sich an einer dünnen Liane an einem Baum empor. Der Fellsack baumelt lose über seiner Schulter. Sein Ziel ist eine Höhlung an einer Astgabel etwa 20 m über dem Boden. Etwa 1 m vor der Höhlung wird es kritisch. Die Bienen haben den Eindringling erkannt und attackieren ihn. Doch es nützt nicht viel. Mit raschen Handgriffen reißt der Mann die Waben aus der Höhle, wirft sie in den Sack und beginnt mit dem Abstieg. Er beeilt sich und hat Glück. Außer einigen Stichen an Armen und Beinen ist ihm nichts passiert. Und das Wichtigste, er ist nicht – wie sein Bruder 1 Woche zuvor – in Panik vom Baum gestürzt.
Wie dieser Mann vor 12 000 Jahren, so sammeln noch heute die Honigjäger Borneos und Sumatras den Honig wildlebender Bienen. Sie betreiben somit keine eigentliche Bienenhaltung. Das Nest wird bei dieser Art von Honiggewinnung zerstört, und die Bienen würden im europäischen Klima in der Regel den Winter nicht überleben. Zur Bienenhaltung gehört jedoch, daß man den Honig entnimmt, ohne das Volk zu zerstören. Es verbleibt dadurch an seinem Nistplatz, und man wird wiederholt Honig ernten können.

Ägypter, Kreter und Griechen

Bis zu Berichten über eine echte Bienenhaltung müssen wir uns allerdings noch einige tausend Jahre gedulden. Erst aus dem hochentwickelten Ägypten von vor etwa 4000 Jahren dringen Berichte über eine tatsächliche Bienenhaltung zu uns. Die Ägypter benutzten horizontal liegende, längliche Tontöpfe als Bienenbehausungen. Solche Tontöpfe werden noch heute von Bauern entlang des Nils zur Bienenhaltung verwendet. Sie haben eine weite Öffnung und werden zum rundlichen Boden hin schmaler.

Imkerei bei den alten Ägyptern. Sie imkerten in längsliegenden Tonröhren, und wir sehen sie hier bei der Honigernte

Später stellte Honig bei den alten Ägyptern weit mehr als nur einen Süßstoff dar. Ramses der III. († etwa 1155 v. Chr.) opferte dem Nilgott 15 Tonnen Honig [das ist derzeit die Jahresproduktion von etwa 900(!) Völkern]. Dem Honig wurden zudem heilende Wirkungen zugeschrieben. In vielen Gräbern fand man ihn als Grabbeigabe, ein Zeichen für den hohen Wert, den man ihm beimaß. Auch das Wachs wußten die Ägypter zu nutzen: Die von ihnen bereits verwendeten Bienenwachskerzen sollten zur wichtigsten Beleuchtungseinrichtung der nächsten Jahrtausende werden.
Die Kreter benutzten statt der Tontöpfe Tonröhren. Eine Brosche aus Mallia, datiert etwa

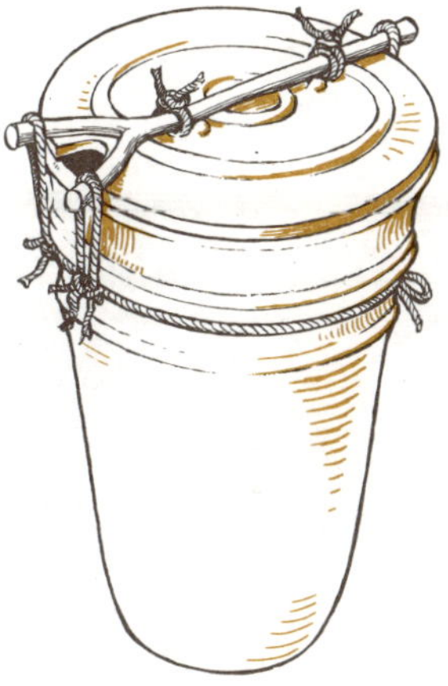

Kretische und altgriechische Tonröhre als Bienenbehausung. Ähnliche Röhren findet man noch heute auf der Insel Kreta

2000–1700 v. Chr., zeigt zwei Bienen, die ein rundes Wabenstück halten. Ein Hinweis auf die Haltung der Bienen in den runden Tonröhren. Die Röhren waren durch Kiefernholzplatten oder Tondeckel vorne und hinten verschlossen. In der Frontplatte war ein Flugloch angebracht. Honig wurde auch hier durch Ausschneiden der Honigwaben gewonnen. Das Brutnest konnte somit in der Beute verbleiben, und das Volk wurde durch den Eingriff nicht zerstört. Die Anbringung einer Öffnungsmöglichkeit an der Rückseite der Beute muß als großer imkerlicher Fortschritt angesehen werden. Man konnte nun die Bienen von hinten nach vorne zum Flugloch herausräuchern und war somit weniger Stichen ausgesetzt.
Auch die alten Griechen kannten die Kunst der Bienenhaltung. Sie benutzten Tontöpfe, wie man sie noch heute bei Imkern auf den abgelegenen Inseln der Ägäis finden kann. Bei Grabungen auf der Agora, dem alten Marktplatz Athens, fand man allein sieben Bienentonröhren, die aus dem Jahre 400 v. Chr. stammen. Sie ähneln stark denen, die wir von den Grabzeichnungen der alten Ägypter kennen. Die Fluglöcher sind im Tondeckel eingearbeitet. Ob die Griechen noch andere Beutentypen benutzt haben, ist unklar.

Die nachfolgenden Römer jedenfalls benutzten eine Vielzahl von Beutentypen, und es ist unwahrscheinlich, daß sie alle von ihnen selbst erfunden wurden. Sie fertigten Beuten aus Holz, Lehm und Stein und kannten die Fertigkeit, Bienenkörbe aus Fenchelkraut oder Weidenzweigen zu flechten. Eine Besonderheit wird uns von Plinius dem Älteren (23 oder 24–79 n. Chr.), einem römischen Geschichtsschreiber, berichtet. Er beschreibt einen durchsichtigen Bienenkasten aus »transparentem Horn, wie es für Laternen benutzt wird«. Möglicherweise der erste Schaukasten für ein Bienenvolk, mit dem die Römer dem Verhalten der Bienen im Nest auf die Spur kommen wollten.

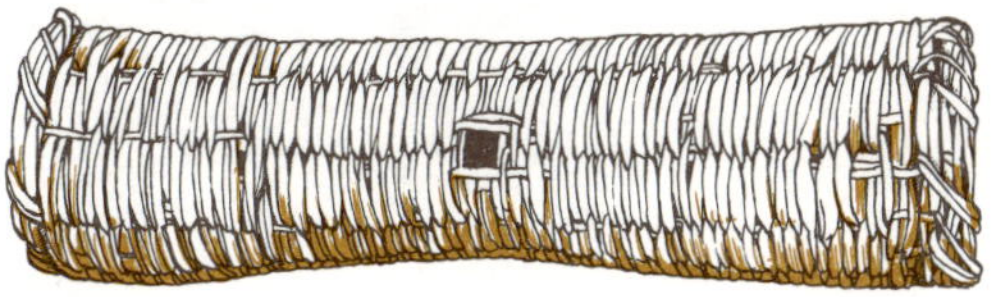

Liegender Korb aus der Tradition der römischen Imkerei

Die Zeidlerei

Die römischen Beutentypen – auch die geflochtenen – zeichneten sich durch längsliegende Formen aus. Die heutige typische vertikale Orientierung der Bienenkästen findet ihren Ursprung denn auch nicht in der römischen oder in der griechischen Kultur. Sie resultiert aus der sogenannten Waldimkerei der nordeuropäischen Stämme.
Während die Römer bereits eine echte Bienenhaltung kannten, herrschte im Norden Europas noch die Honigjagd vor. In den dichten Wäldern nisteten die Bienen meist in Baumhöhlen. Wenn das Flugloch für den Honigjäger zu klein war, so sah er sich gezwungen, die Öffnung zu erweitern. Die Zeidler (Waldimker) verfeinerten diese Honigjagd zu einer echten Bienenhaltung in eigens präparierten Bäumen. Der Zeidler schlug mit seinem Imkerbeil eine Höhlung in den Baum, die er sorgfältig mit einer Tür verschloß. Er schuf somit künstliche Nistplätze für

Zeidler bei der Arbeit

die Honigbienen. Die Haltung der Bienen in den Baumhöhlungen besänftigte die Angst der Zeidler, daß Bären und anderes Wild ihnen den Honig vor der Nase wegschnappten.
Die Zeidlerei entwickelte sich insbesondere im fränkischen Raum zu einem eigenständigen Berufsbild mit eigener Gerichtsbarkeit. Mit der Zunahme der planmäßigen Forstbewirtschaftung geriet sie jedoch in Schwierigkeiten. Förster versagten den Zeidlern das Aushöhlen gesunder Bäume. Als Ausweg hängten sie Klotzbeuten an den Bäumen auf, um so den Schutz vor wilden Tieren zu gewährleisten. Das Aufhängen der Beuten in luftiger Höhe erlebt derzeit in Entwicklungshilfeprojekten im tropischen Afrika eine Renaissance. Ameisen sind dort die gefürchtetsten Honigräuber, die nur

Bienenbaum in Tansania. Die Beuten sind an Schnüren aufgehängt, um den Ameisen den Zugang zum Honig zu verwehren

schwer an frei hängende Beuten herankommen. Mit fortschreitenden Kenntnissen in der Imkertechnik war das Ende der äußerst aufwendigen Zeidlerei jedoch abzusehen. Das letzte Zeidelgericht in Feucht tagte am 1. September 1779.

Klotzbeuten und Korbimkerei

Recht früh (um die Zeitenwende) entwickelte sich bereits die Idee, das Stück des Baumstammes mit der Nisthöhle einfach herauszuschneiden und diese »Klotzbeuten« auf einem Bienen-

Der klassische Bienenkorb („Stülper"), wie er auch heute noch von Imkern in der Lüneburger Heide benutzt wird

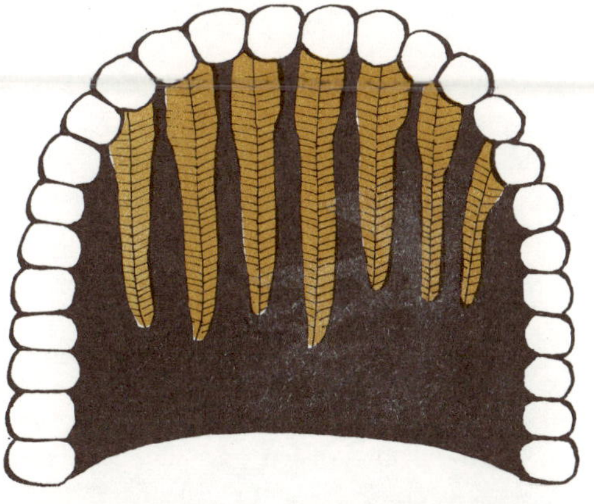

Querschnitt durch einen Bienenkorb. Außen und oben lagern die Bienen den Honig (Waben sind dicker ausgebaut), während das Brutnest in der Mitte angelegt wird

Ein typisches Bienenhaus, das an den Ecken mit Körben und ansonsten in zwei Etagen mit Hinterbehandlungsbeuten bestückt ist. Die Fronten der Beuten sind in verschiedenen Farben gehalten, um den Bienen die Orientierung zum eigenen Stock zu erleichtern

stand aufzustellen. Die Klotzbeuten wurden oft mit einfallsreichen Bemalungen verziert, manche wohl auch, um tierische Honigdiebe abzuschrecken. Die ältesten Klotzbeuten wurden in einem Moor in der Nähe von Oldenburg gefunden und datieren bis 100 n. Chr. zurück. Gleichzeitig wurde die Imkerei in hochstehenden Körben entwickelt. Der klassische Bienenkorb, wie wir ihn auch heute noch vereinzelt in der Lüneburger Heide finden, ist ein typisches Relikt der germanischen Kultur. Der älteste Korbfund stammt aus der Zeit um 0–200 n. Chr. Als dritte Form der Bienenhaltung gab es noch das oben bereits ausführlich besprochene Zeidelwesen.

Bis weit ins 18. Jahrhundert änderte sich nur wenig an diesen Beutenformen. In Nordosteuropa dominierte dabei die Imkerei in Klotzbeuten, während im Westen und Süden Europas die Korbimkerei bevorzugt wurde. Ende des 18. bis Mitte des 19. Jahrhunderts setzte sich vielerorts in Deutschland die Haltung von Bienen in Bienenhäusern durch. Zeitgleich wurde die Behandlung der Bienen von der Rückseite der Beute hierzulande stark propagiert. Noch heute ist dies eine weitverbreitete Betriebsweise, die speziell an die Haltung von Bienen in Bienenhäusern angepaßt ist.

Die Betriebsweise der alten Korbimkerei mutet uns heute zum Teil absurd an. Die Völker wurden bei der Honigentnahme oft getötet. Zur Ernte hob man eine kleine Grube aus, warf einige glühende Schwefelspäne hinein und stellte den Bienenkorb darüber. Eine andere Methode bestand im Ertränken der Bienenvölker.

Der Imker ging bei der Honigernte dann so vor, daß er nur die leichten und die schweren Völker erntete. Die mittelstarken ließ er für die Honigernte des nächsten Jahres stehen. Vermehrt wurde nahezu ausschließlich über Schwärme. Erst später benutzte man das sogenannte »Abtrommeln« von Bienen. Ein Teil der Bienen wird dabei durch Klopfen auf den Korb in einen anderen Korb getrieben. Diesem Ableger gibt man dann eine Königin, und das Volk kann sich neu aufbauen. Noch heute findet man einige wenige Heideimker in der Lüneburger Heide, die die Korbimkerei aktiv betreiben. Allerdings ist abzusehen, daß auch dort der Bienenkorb in der nächsten Zeit, nach rund 2000 Dienstjahren, endgültig moderneren Beutenformen weichen wird.

Die erweiterbare Beute

Erste Berichte über erweiterbare Beuten stammen aus dem Jahre 1649. Der Engländer William Mew konstruierte eine bizarr aussehende achteckige Beutenform. Die erweiterbare Beute erlaubte erstmals die Unterteilung des Nestes in einen Brut- und in einen Honigraum. Dies bedeutete natürlich eine enorme Erleichterung für den Imker, da das Brutnest bei der Honigentnahme nicht mehr gestört werden mußte. Unter guten Trachtbedingungen konnte der Honigraum entsprechend vergrößert werden. Erst viele Jahre später jedoch sollte sich diese Betriebsweise allgemein durchsetzen; der Wechsel von der Korbimkerei zur Magazinimkerei vollzog sich nur langsam.
Die Kanitzkörbe aus der Lüneburger Heide dokumentieren die Übergangsformen vom Korb zur modernen Beute. Anton Janscha, der Hofimker der Kaiserin Maria Theresia, konzipierte Ende des 18. Jahrhunderts in Wien die erste Zargenbetriebsweise, auch wenn die Imkerei die beweglichen Waben noch nicht kannte.

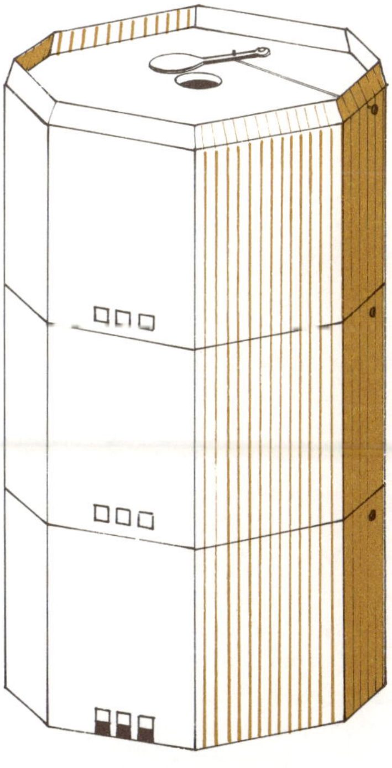

Die achteckige Beute William Mews war beliebig erweiterbar. Ein verschließbares Loch in der Beutendecke erlaubte den Bienen den Durchgang von einem Raum zum anderen. Jeder Raum war mit verschließbaren Fluglöchern versehen. In der Abbildung sind die unteren drei geöffnet

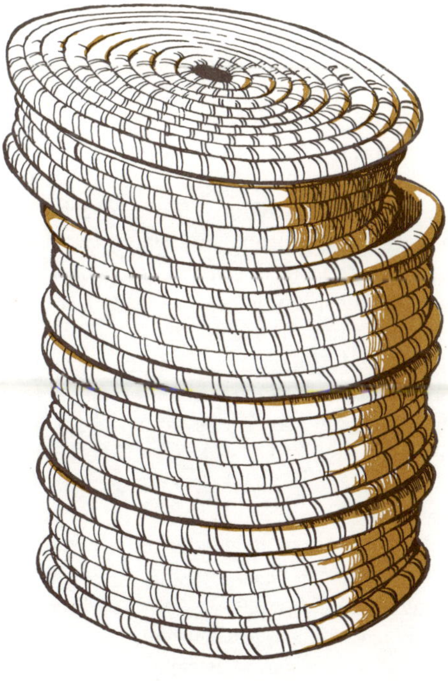

Erweiterbarer Bienenkorb. Er stellt den Übergang von der klassischen Korbimkerei zur Zargenbetriebsweise dar. Der Wabenbau ist allerdings nicht beweglich und an Stäben befestigt, die man in jeder Korbzarge fixierte

Neben den nach oben erweiterbaren Beutensystemen entwickelten sich auch Beuten mit seitlichen Honigräumen. Diese Beuten zeichneten sich jedoch in erster Linie durch ausgefeilte Handwerkskunst und weniger durch eine effiziente Betriebsweise aus. Entsprechend blieben sie imkerliche Kuriositäten, die man heute nur noch in heimatkundlichen Museen findet.
Die gerade im süddeutschen Raum noch weit verbreiteten Hinterbehandlungsbeuten stellen eine besondere Anpassung an die Arbeit im Bienenhaus dar. Sie sind in der Regel mit zwei Räumen – Honig- und Brutraum – ausgestattet, die nicht erweiterbar sind. Die Hinterbehandlungsbeute führt zu vielen Besonderheiten in der Betriebsweise, die im Kapitel zum Bienenkasten (siehe Seite 51 ff.) noch eingehend besprochen werden.

Griechische Korbbeute mit Oberbehandlung und beweglichen Rähmchen (Ende 17. Jahrhundert). Die schmalen, seitlichen Waben sind in diesem System nicht mit den breiten, mittleren Waben austauschbar

Das bewegliche Rähmchen

Mitte des 19. Jahrhunderts wurde die Imkerei revolutioniert. Bis dahin mußten zur Honigernte die Waben mit einem Messer aus der Beute geschnitten werden. Nahezu gleichzeitig und unabhängig voneinander entwickelten Lorenzo L. Langstroth 1851 in den USA sowie Johannes Dzierzon und Baron August von Berlepsch 1855 in Deutschland die Wabe im beweglichen Rähmchen. Dies führte dazu, daß die Honiggewinnung, die bis dahin auf Pressen und Vernichten der Wabe ausgerichtet war, sich entscheidend ändern konnte. Die Honigschleuder wurde entwickelt, die Honiggewinnung der Moderne war etabliert.
Obwohl sich erst nach den Erkenntnissen Langstroths und Dzierzons die beweglichen Rähmchen durchsetzten, war bereits früher mit beweglichen Waben gearbeitet worden. Bereits 200 Jahre zuvor gab es Berichte über bewegliche Waben in griechischen Korbbeuten. Die Waben waren jedoch nicht untereinander austauschbar, wie die nebenstehende Abbildung zeigt. Ebenso hatte der Schweizer François Huber bereits 1792 in seiner »Rahmenbude« bewegliche Rähmchen eingesetzt. Dies war jedoch eher ein imkerliches Kuriosum und zur Betrachtung der Bienen im Volk gedacht. Huber war mit seiner Idee noch weit von einer Umsetzung seiner beweglichen Rähmchen in eine imkerliche Betriebsweise entfernt.
Ein russischer Bienenforscher mit Namen Prokopovitsch kam der Entdeckung schon näher. Er entwickelte eine zweiräumige Beute. Im oberen Honigraum setzte er bewegliche Rähmchen ein, während er den Brutraum mit festen Waben beließ.
Dennoch gilt Langstroth, Dzierzon und von Berlepsch die eigentliche Anerkennung für diese fundamentale Entwicklung der Imkerei. Sie erkannten, daß bewegliche Rähmchen in Brut- und Honigraum eine effiziente Betriebsweise garantierten, und erst damit war der Schritt von der imkerlichen Kuriosität zur allgemein anerkannten Novität in der Imkerei getan. Langstroth entdeckte zudem, daß man den »Bienenabstand« (8 mm) zwischen Waben und Beutenwand beachten muß, damit die Rähmchen nicht angebaut werden. Seine

Die „Rahmenbude“ François Hubers. Die einzelnen Rahmen, die jeweils eine Wabe enthielten, waren wie die Seiten eines Buches aufklappbar. Für die praktische Imkerei spielte diese Entwicklung jedoch keine Rolle

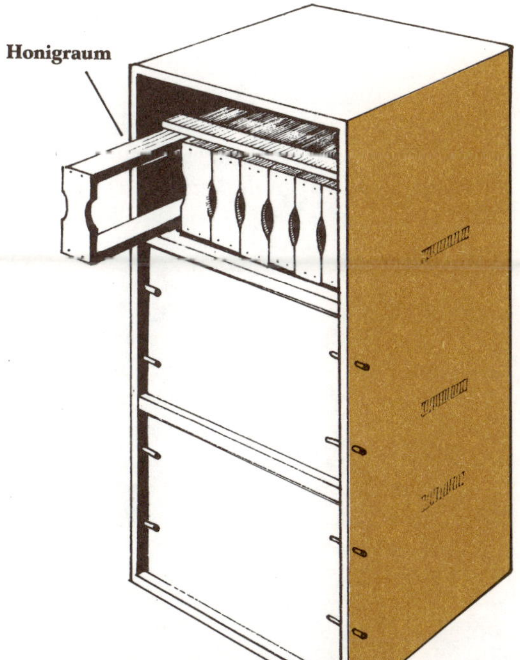

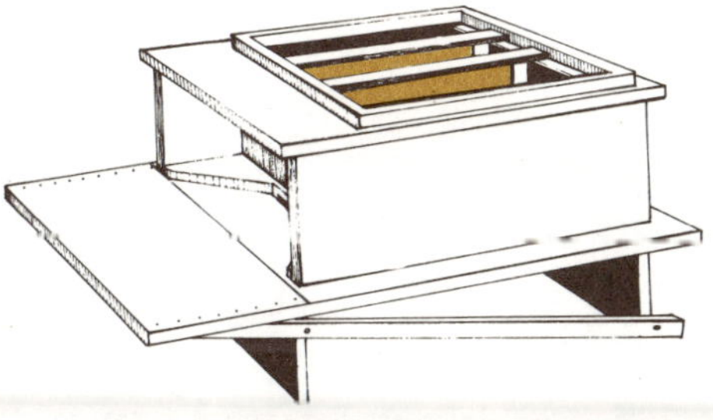

Erweiterbares Langstroth-Magazin mit beweglichen Rähmchen. Durch Aufsatz von Zargen konnte diese Beute beliebig erweitert werden. In späteren Entwicklungen wurde die Konstruktion weiter vereinfacht, und der aufwendige Boden und Fluglochvorbau entfiel ▲

Die Beute Prokopovitschs mit beweglichen Rähmchen im halbhohen Honigraum. Im Brutraum war fester Wabenbau vorhanden ◄

Erkenntnisse sowie sein Rähmchen- und Wabenmaß sind noch heute Vorbild für die in der Welt am meisten verbreiteten Beutenarten und Betriebsweisen.
Seit der Erfindung der beweglichen Wabe und der erweiterbaren Beute hat es auf dem Gebiet der Betriebsweise der Imkerei nur wenig Veränderung gegeben. Moderne Beutensysteme beruhen nach wie vor auf den grundlegenden Konzepten Langstroths und von Berlepschs. Auch wenn neue Werkstoffe das klassische Holz ersetzen, so blieben die Baupläne doch weitgehend gleich.
Die Imkerei hat damit in ihrer langen Geschichte nach vielen Windungen und Richtungswechseln heute ein Konzept entwickelt, das sowohl der Biologie der Honigbiene als auch den Bedürfnissen des Imkers gerecht wird. Nachdem man vor 4000 Jahren die Waben von vorne entnahm, wechselte man bei den Kretern und Römern auf die Wabenentnahme von hinten. In der Zeidlerei erfolgten die imkerlichen Eingriffe von der Seite, in der Korbimkerei von unten. Schließlich findet in der modernen Magazinimkerei die Wabenentnahme von oben statt, womit dann tatsächlich alle Möglichkeiten durchgespielt sind.

Moderne Entwicklungen der Bienenhaltung

Auch das 20. Jahrhundert bietet bedeutende Errungenschaften für die Imkerei. Diese liegen jedoch nicht in der Betriebsweise, sondern eher im Bereich der Behandlung von Bienenkrankheiten und der Bienenzucht.
Einen Meilenstein für die kontrollierte Zucht der Honigbiene stellte die Einführung der instrumentellen Besamung der Bienenkönigin dar. Bereits die oben genannten Imker Anton Janscha und später François Huber hatten sich im späten 18. Jahrhundert darüber Gedanken gemacht und versucht, die Königin künstlich mit einem Drohn zu paaren. Aber erst 150 Jahre später sollte es auf diesem Gebiet erfolgreiche Ansätze geben. Wilhelm Wankler, ein schwäbischer Uhrmacher, war 1927 der erste, der einen »Besamungsapparat« entwickelte. Sein Besamungserfolg war jedoch weniger als bescheiden, und die meisten seiner besamten Königinnen waren unbrauchbar. Erst nach dem 2. Weltkrieg (1947) sollte die Technik von den Amerikanern Otto Mackensen und William Roberts funktionstüchtig ausgearbeitet werden. Schnell verbreitete sich die neue Methode, die derzeit so weit ausgereift ist, daß der Besamungserfolg bei der instrumentellen Besamung größer ist als bei natürlicher Paarung.
In der Imkerei zeigte sich, daß erst durch die Kenntnis der Biologie der Honigbiene grundlegende Verbesserungen in der Bienenhaltung durchsetzbar waren. Der Erfolg der heutigen Imkerei basiert auf der Abstimmung der Betriebsweise auf die Biologie der Honigbiene. Bienen sind zwar sehr flexibel und können in nahezu jeder Höhlung ein Nest bilden und überleben. Der Imker will jedoch mehr als nur ein überlebendes Bienenvolk. Er will viel Honig ernten, und das möglichst häufig. Die Bienenbeute ist hierbei wichtig, soll sie doch dem Volk optimale Lebensbedingungen bieten. Erst die Kenntnis der Biologie des Bienenvolks und seines sozialen Verhaltens erlaubte es uns zu erkennen, welche Beuten für die Bienen, aber insbesondere für den Imker, günstig sind.
Die Zucht der Honigbiene war erst sinnvoll möglich, nachdem die Paarungsbiologie bekannt war. Lange konnte man nur die Königinnen auslesen, nicht aber die für die Zucht genauso wichtigen Drohnen. Dies ist einer der Hauptgründe dafür, daß die Bienenzucht im Vergleich zur Zucht anderer Haustiere noch weit zurückliegt und sich gerade bemüht, den Kinderschuhen zu entwachsen.

Der erste Anfang

Eines haben alle Anfänger in der Imkerei gemeinsam: die Angst vor dem Stich! Diese Angst ist durchaus berechtigt, und der Anfänger sollte sich hüten, »alten Hasen« zu folgen, die behaupten, sie würden ihre Bienen ohne entsprechenden Gesichtsschutz und ohne Handschuhe behandeln. Einige Stiche stellen für den gesunden Menschen keine Bedrohung dar, sobald jedoch mehrere Bienen stechen oder gar eine Allergie gegen Bienengift vorliegt, ist Gefahr im Verzug. Gerade der Anfänger ist noch nicht gegen das Bienengift immunisiert, und fünf bis zehn Stiche können schnell zu einer lebensgefährlichen Bedrohung werden. Der Schutz vor Stichen ist daher die erste und wichtigste Sache, die der Anfänger zu beachten hat. Dies nimmt zum einen die Angst vor dem Stich, zum anderen wird der Anfänger während seiner ersten Arbeiten am Bienenvolk nicht durch Stiche belästigt und vorzeitig entmutigt.

Bevor der Entschluß gefaßt wird, mit dem Imkern zu beginnen, sollte man sich vergewissern, daß dies in der näheren Umgebung keine unnötigen Probleme schafft. Auf jeden Fall muß man innerhalb der Familie abklären, ob es Allergien gegen Bienenstiche gibt. Man sollte mit den Nachbarn besprechen, inwieweit die Bienenhaltung als störend empfunden wird. Besser ist es, einen etwas abgelegenen Standort für die Bienenvölker zu haben, bei dem Nachbarschaftsstreitigkeiten von vornherein ausgeschlossen werden können. Sehr schnell versuchen verärgerte oder verängstigte Nachbarn, Rechtsmittel gegen die Errichtung von Bienenständen einzulegen. Ein gutnachbarliches Verhältnis ist der Hobby-Imkerei förderlich und einem Rechtsstreit vorzuziehen.

Es kann sich lohnen, dem örtlichen Imkerverein einen Besuch abzustatten, bevor man sich die ersten eigenen Bienen anschafft. Dort wird man dem Neuling eine Menge Tips (nicht alle davon müssen auch nützlich sein!) mit auf den Weg geben. Auf jeden Fall ist es aber empfehlenswert, erst mal einem erfahrenen Imker bei der Arbeit über die Schulter zu schauen. Alternativ kann man auch Kurse besuchen, die von bienenkundlichen Instituten und den Imkerverbänden angeboten werden. Wer das Vereinsleben liebt, sollte einem Imkerverein beitreten, wenn er mit der Imkerei beginnt. Dies hat über die sozialen Kontakte mit anderen Imkern hinaus den Vorteil, daß man einer kollektiven Haftpflicht- und Sachversicherung beitritt. Auch kann man hier notwendige Großgeräte (z. B. die Honigschleuder) mit anderen Imkern gemeinsam nutzen.

Der Standort

Mit dem Standort des Bienenstands steht und fällt der Erfolg der Imkerei. Wer die Imkerei als Haupt- oder Nebenerwerb betreibt, wird hier zunächst auf die sogenannte Trachtlage achten, d. h. darauf, ob es am Standort reichlich Nektarquellen gibt, die von Bienen ausgebeutet werden können. Imker, für die der Honigertrag das Wichtigste an der Bienenhaltung ist, werden daher häufig mit ihren Bienen »wandern«, um wechselnde Trachtsituationen in verschiedenen klimatischen Gebieten ausnutzen zu können. In Australien führt dies bei Berufsimkern zu extremen Betriebsweisen. Sie haben sämtliche Bienen auf einem Lastzug und fahren der Blüte von Norden nach Süden nach. Sie legen dabei in einer Bienensaison viele tausend Kilometer zurück und leben nur noch in ihrem Lastwagen. Lohn dafür sind dann allerdings auch Honigernten, von denen man in unseren Breiten nur träumt. 200 kg Honig pro Volk sind keine Seltenheit.

Auch für den Imker, der sich der Bienenhaltung als Freizeitbeschäftigung zuwendet, ist die Standortfrage von Bedeutung. Die Trachtverhältnisse sollten hier aber nicht die erste Priorität haben. Wichtig ist, daß die Bienen nicht zu

weit vom Wohnsitz entfernt stehen. Nachbarn sollten nicht durch die Bienen belästigt werden. Erst danach kommt für den Hobby-Imker die Frage nach der Ertragslage des Standorts. Der Vermeidung des Nachbarschaftsstreits sollte dabei der höchste Stellenwert eingeräumt werden. Um Unfrieden zu vermeiden, sollte man die Bienen so plazieren, daß sie außerhalb des Geländes nicht gesehen werden können. Allein der Anblick fliegender Bienenvölker löst bei vielen Leuten große Angst aus. Weiterhin empfiehlt es sich, hohe Hecken oder Anpflanzungen zwischen Flugfront und Grundstücksgrenze anzulegen. Die Bienen werden dadurch gezwungen, zum Sammelflug den Bienenstand nach oben zu verlassen und können bei einer Flughöhe ab 4 m Nachbarn nicht mehr belästigen oder stören.
Wenn man die Wahl hat, so sollte man die Bienen in ein trockenes, windgeschütztes Gelände stellen. Feuchte Standorte führen oft zum vermeidbaren Ausbruch der verschiedensten Bienenkrankheiten. Windige Standorte verursachen starken Flugbienenverlust. Sonnige Plätze sind in unserem gemäßigten Klima auf jeden Fall schattigen Standorten vorzuziehen. Am besten eignet sich ein lichter Laubwald, der im Winter sonnig ist, im Sommer aber Schatten spendet und einer Überhitzung vorbeugt. Besonders bei Überwinterungsplätzen sollte man sich vergewissern, ob im Frühjahr eine ausreichende Pollenversorgung (z. B. durch Weiden) gegeben ist. Wichtig ist natürlich auch, daß eine wetterfeste Zufahrt zum Bienenstand existiert. Der Hobby-Imker wird sich nicht eigens für die Imkerei ein Geländefahrzeug anschaffen.

Die Kleidung

Der Imkeranzug besteht idealerweise aus einem bienendichten Overall, der nicht eng an der Haut anliegt. Es kommt hier nicht auf modische Extravaganz, sondern effizienten Schutz an. Bienen stechen mit Leichtigkeit auch durch kräftige Baumwollgewebe. Der Anzug soll daher an den Armen und Beinen weit sein. Helle Stoffe sind zu bevorzugen, da verteidigende Bienen instinktiv zunächst glitzernde, dunkle, bewegliche Objekte anfliegen. Derbe Stiefel, die über die Knöchel gehen, sind als Schuhwerk empfehlenswert. Dicke Wollsocken sollten getragen werden, die aus dem Stiefel herausragen und die kritische Stelle bedecken, an der der Overall in den Stiefel übergeht. Die Handschuhe sollten aus kräftigem Leder und mit langen Stulpen versehen sein. Der Gesichtsschutz sollte möglichst luftig, aber dennoch bienendicht sein. Die Bienendichtigkeit des Schleiers ist der wichtigste Punkt der Schutz-

Die gute Schutzkleidung gehört für den Anfänger zur Grundausstattung

maßnahmen. Hier sollte man auf keinen Fall Kompromisse eingehen. Es ist auch für den erfahrenen Imker nichts lästiger, als eine Biene im Schleier zu haben. Stiche im Gesicht sind äußerst schmerzhaft und gefährlich.
Wie man sieht, gleicht der so gewappnete Imker einem Polarforscher doch sehr. Tatsächlich ist es nicht immer eine reine Freude, bei hochsommerlichen Temperaturen in einer solchen Montur an den Bienen zu arbeiten. Wer Probleme mit Herz und Kreislauf hat, sollte deshalb an heißen Tagen die Arbeit an Bienen meiden.

Das Werkzeug

Viel Werkzeug braucht der Imker zum Glück nicht. Das wichtigste ist ein Rauchapparat (»Smoker« genannt). Bevor man den Bienenkasten öffnet, ist es ratsam, kurz einige Rauchstöße vor das Flugloch zu geben. Rauch ist für wildlebende Honigbienen ein Zeichen höchsten Alarms, da Waldbrände häufig zur Vernichtung natürlicher Nistplätze führen. Der Rauch am Flugloch bewirkt daher, daß die Bienen sich mit Honig vollsaugen, vorsorglich für den Fall, daß sie das Nest verlassen müssen. Diese Phase der Honigaufnahme kann der Imker für seinen Eingriff in das Bienenvolk nutzen. Es werden dann weniger Bienen auffliegen, die ihn bei der Arbeit belästigen könnten. Auch während der Arbeit ist der Einsatz von Rauch nützlich. Er treibt die stechlustigen Bienen in den Bienenkasten zurück.
Ein weiteres wichtiges Werkzeug ist der Stockmeißel. Mit diesem Gerät kann der Imker die fest verkitteten Waben lösen und überschüssigen Wabenbau abkratzen.
Als letztes grundlegendes Spezialwerkzeug sei noch die Entdeckelungsgabel genannt. Man braucht sie, um die reifen Honigwaben vor dem Schleudern zu bearbeiten (siehe Seite 90). Darüber hinaus benötigt man eine normal ausgestattete Heimwerkerwerkstatt, um Holzarbeiten durchzuführen.

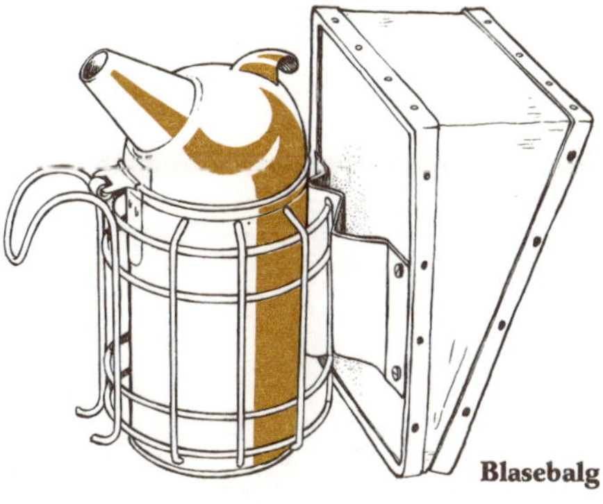

Der Rauchapparat (Smoker) ist das wichtigste Gerät in der Imkerei

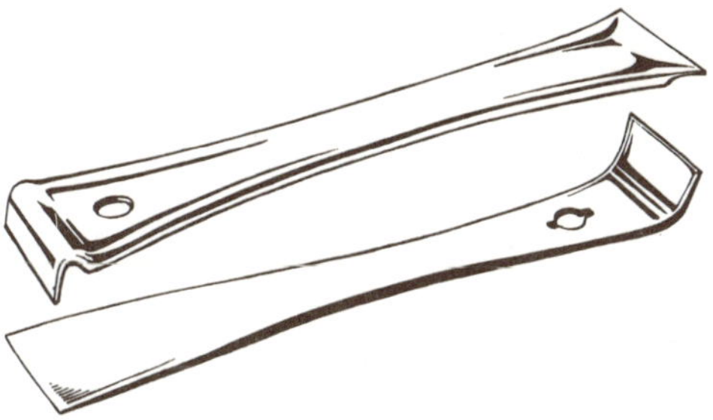

Mit dem Stockmeißel hebelt man festsitzende Waben aus dem Kasten und löst verkittete Zargen

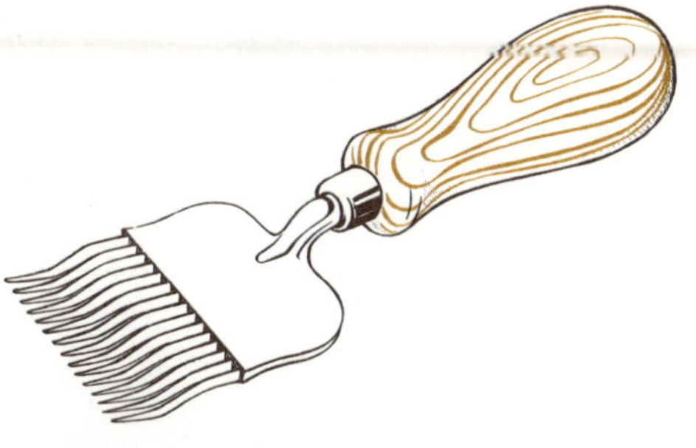

Die Entdeckelungsgabel kommt bei der Honiggewinnung zum Einsatz. Mit ihr entfernt man vor dem Schleudern die Wachsdeckel der Honigzellen

Die ersten Bienenvölker

Der Neuling in der Imkerei sollte sich am Anfang nicht übernehmen, aber auch nicht mit zu wenigen Völkern beginnen. Wer mit nur einem einzigen Bienenvolk anfängt, läuft Gefahr, Schiffbruch zu erleiden. Allzuschnell stirbt die Königin, und durch Fehler bei der Betriebsweise geht das Volk zugrunde. Zwei, besser drei Völker stellen eine sinnvolle Ausgangsbasis dar, um mit der Imkerei zu beginnen. Sie bieten die Möglichkeit, durch Ausgleichen Schwierigkeiten bei einzelnen Völkern zu beheben. Dennoch bleibt die Völkerzahl überschaubar, und auch für die Honigernte wird keine Großraumzentrifuge benötigt. Der Arbeitseinsatz bewegt sich auf einer Ebene, die einem Freizeitausgleich zukommt. Man wird sich viel Zeit für Beobachtungen der Bienenvölker nehmen können und nicht durch die Bienen zur Führung eines Terminkalenders gezwungen. Ab einem Bestand von 20 Völkern verändert sich der Imker schon langsam vom Freizeitimker zum Nebenerwerbsimker, und ab einem Bestand von 30 Bienenvölkern muß die Imkerei versteuert werden (siehe Seite 128 ff.).

Der erste Stich

Trotz aller Vorsichtsmaßnahmen wird man gelegentliche Stiche bei der Imkerei nicht vermeiden können. Die erste Reaktion, die auf einen Bienenstich folgt, ist in der Regel ein lautes »Au« oder ein derber Fluch. Die verständliche Reaktion auf einen immer wieder beachtlich brennenden Schmerz, der durch das Gift (nicht durch den Einstich) ausgelöst wird. Diese erste menschliche Reaktion ist trotz der moralischen Bedenken ob des Fluches die harmloseste. Die nachfolgende Abwehrreaktion des Körpers ist lästiger und weitaus gefährlicher. Sie setzt erst ein, wenn der Schmerz bereits größtenteils vergessen ist. Die Reaktion ist stark abhängig von der Giftdosis; d. h., es lohnt sich, den Stachel so schnell wie möglich aus der Einstichwunde zu entfernen. Man streift ihn am besten mit dem Fingernagel in Richtung der Giftblase aus der Wunde heraus. Verbleibt der Stachel in der Wunde, so wird noch weiter Gift injiziert, und die Folgen des Stiches werden verschlimmert. Noch schlimmer ist es, wenn man versucht, den Stachel an der Giftblase herauszuziehen. Dies sollte man auf jeden Fall vermeiden. Man preßt dadurch die Giftblase zusammen und injiziert die gesamte vorhandene Giftmenge in die Wunde.

Nach dem Stich rötet sich das Gebiet um die Einstichstelle und schwillt an. An Armen und Beinen stört das meistens weniger, anders ist es bei Stichen in Hände und Füße. Schon mancher Schüler hat sich letztendlich doch noch über einen Bienenstich an der rechten Hand gefreut, der ihn von der Teilnahme am Deutschaufsatz befreite. Stiche in die Füße können zu erheblichen Gehbeschwerden führen. Meist klingen diese Symptome jedoch in wenigen Tagen ab, ohne größeren Schaden anzurichten. Stiche im Gesicht sind besonders schmerzhaft, und zugeschwollene Augen vermindern die Attraktivität gerade schöner Imker in der Regel erheblich. Doch die gesundheitliche Gefahr ist größer als die kosmetische Beeinträchtigung. Stiche in die Augen können zu einer realen Gefahr für das Augenlicht werden!

Wer nach den ersten Stichen merkt, daß er überempfindlich auf Bienenstiche reagiert, sollte sofort die Konsequenz ziehen und die Hobby-Imkerei nicht weiter verfolgen. Generell gilt bei jeglichen Kreislauf- und Atembeschwerden, die nach Bienenstichen auftreten: *sofort* die Arbeiten an den Bienen beenden und sich in die Obhut eines anderen Menschen begeben.

Die akuten Schmerzen des Stiches sind zwar lästig, aber nicht gefährlich. Gefahr geht von der Abwehrreaktion unseres Organismus auf das körperfremde Eiweiß aus. Es kann hier zu einer Überreaktion kommen, die zum allergischen Schock oder zu anhaltenden Hautausschlägen mit Juckreiz am ganzen Körper (also nicht nur an der Stichstelle) führz. Tritt dies ein, so sollte man ohne Zeitverlust einen Arzt aufsuchen. Dies ist eine wichtige Vorsichtsmaßnahme, die unbedingt beachtet werden sollte.

Der Bienenkasten

Wie wir im Abschnitt über die Geschichte der Imkerei gesehen haben, gibt es eine unendliche Vielzahl von Kastenformen. Es würde den Rahmen dieser Einführung sprengen, alle derzeit verwendeten Typen im Detail zu besprechen. Prinzipiell gemeinsam haben alle heutigen Beuten jedoch eine Untergliederung in Brutraum und in Honigraum. Beide sind durch ein sogenanntes Königinnenabsperrgitter voneinander getrennt. Die Königin hat ein geringfügig größeres Bruststück als die Arbeiterinnen und kann dieses Gitter nicht passieren. Sie wird daher nur Eier im Raum unter diesem Gitter legen können. Die Arbeiterinnen hingegen können das Gitter passieren und tragen den Honig willig in den oberen Honigraum ein. Bei eingelegtem Absperrgitter wird daher im Honigraum keine Brut auftreten, was bei der Honigernte eine überaus große Arbeitserleichterung darstellt. Derzeit sind in deutschsprachigen Ländern hauptsächlich zwei Beutentypen mit etlichen Varianten im Gebrauch: die Hinterbehandlungsbeute und die Oberbehandlungsbeute.

Die Hinterbehandlungs-beuten

Die Hinterbehandlungsbeuten eignen sich speziell für den Einsatz in Bienenhäusern. Man kann sie übereinanderstellen und somit auf kleiner Grundfläche viele Völker unterbringen. Die Beute ist auch für ältere und behinderte Menschen geeignet, denen das Heben schwerfällt. Man kann die Völker im Sitzen bearbeiten. Durch eine Tür an der Rückseite der Beute gelangt man an das Brutnest. Meist ist hinter der Tür noch ein Sichtfenster angebracht. Das Bienenvolk wird von hinten geöffnet und das Sichtfenster entfernt. Man kann dadurch

(a)

(b)

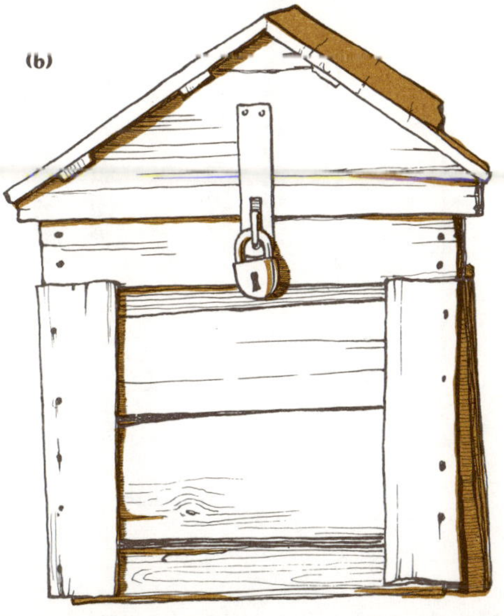

Auch so kann man Bienen halten (Namibia): In der Wellblechhütte (a) oder hinter Schloß und Riegel (b)

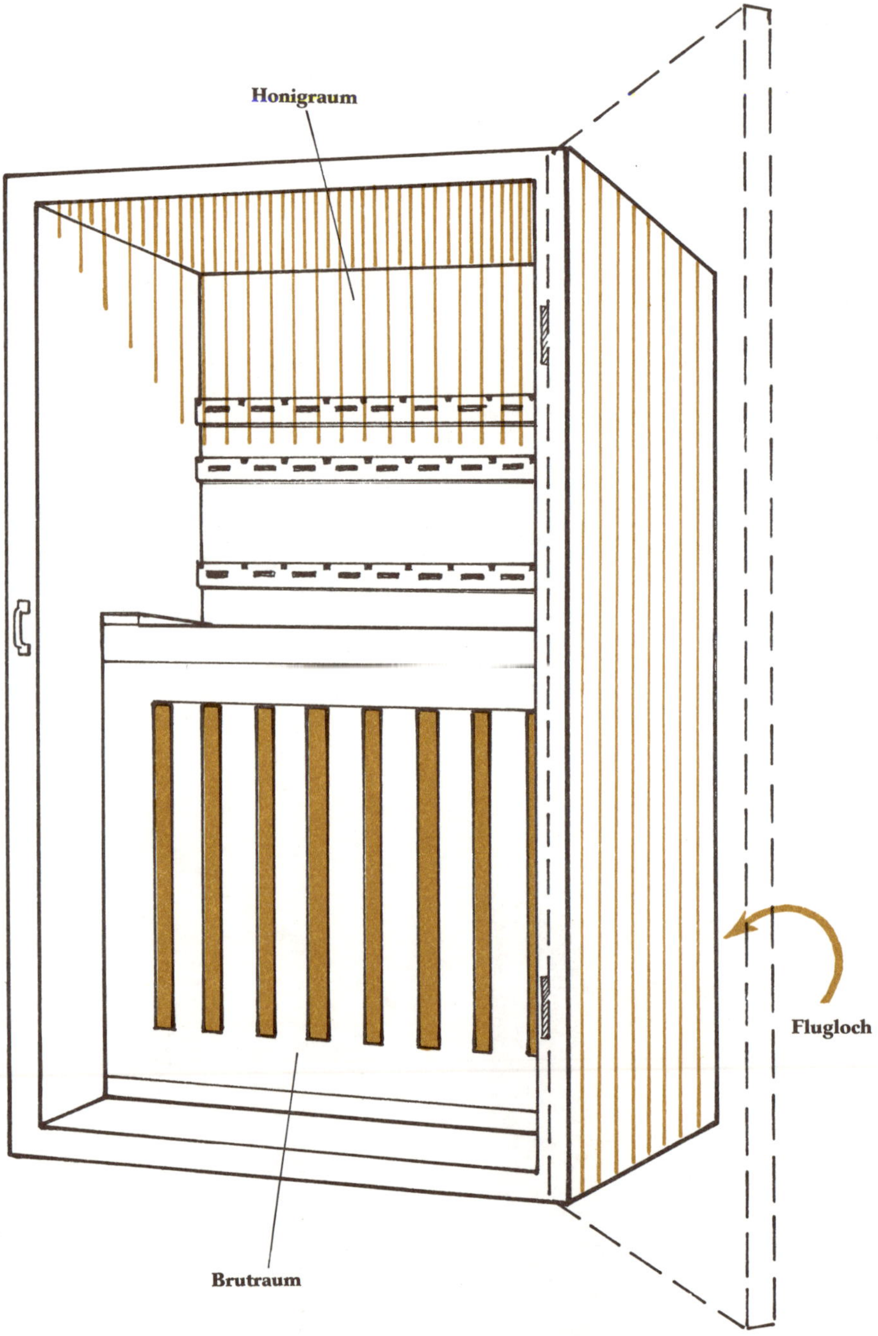

Eine Hinterbehandlungsbeute. Durch eine Tür gelangt man von hinten an das Bienenvolk heran. Die Waben des Honigraums sind in diesem Beispiel herausgenommen

Manipulationen am Brutnest vornehmen, ohne den schweren Honigraum abheben zu müssen. Trotz dieser Erleichterung ergeben sich jedoch einige Probleme, die die Arbeit erheblich verzögern können. Die Waben sind nicht so leicht zugänglich wie bei einer Bearbeitung von oben. Die Honigentnahme ist sehr langwierig, da jede Wabe einzeln aus dem Volk entnommen werden muß. Die Beute ist nicht erweiterbar und bietet in der Regel nur Platz für einen Honigraum. Völker, die ein großes Brutnest anlegen, werden dadurch leicht zum Schwärmen neigen.
Prinzipiell unterscheidet man zwei Typen der Wabenanordnung im Bienenkasten: den sogenannten Warmbau und den Kaltbau. Im Warmbau hängen die Waben quer zum Flugloch in Führungsschienen an der linken und der rechten Kastenwand. Diese Konstruktion hat den Vorteil, daß man das Brutnest innerhalb des Kastens leicht einengen und erweitern kann. Ein großer Nachteil ist jedoch, daß die vorderen Waben am Flugloch nur schlecht erreichbar sind. Bei stark verkitteten Waben ist es besonders schwer, die Waben unbeschädigt aus dem Kasten herauszubekommen. Die Gefahr des Quetschens der Königin ist bei Warmbau-Hinterbehandlungsbeuten, wie sie heute noch häufig in der Schweiz benutzt werden, besonders groß. Klassische Warmbaubeuten sind die deutsche Normalmaßbeute, der badische Vereinsstock und der Freudensteinstock.
Durch einen Auszugmechanismus hat man versucht, den Nachteilen der Warmbau-Hinterbehandlungsbeuten zu begegnen. Ausgezogen hängen die Waben dann frei in einem Gestell außerhalb des Kastens und sind leicht zugänglich. Zu diesem Beutentyp gehören z. B. die Königsbeute, die Hermanns-Zukunftsbeute und die Martins-Auszugbeute. Bei stark kittenden Bienen verklebt der Auszugmechanismus jedoch oft, besonders dann, wenn er nicht regelmäßig betätigt wird. Die Waben sind dann völlig unzugänglich, und die Bienen können nicht mehr bearbeitet werden.
Im Kaltbau ist die Betriebsweise weniger kompliziert. Die Waben stehen hier senkrecht zum Flugloch und werden in einem Wabenrechen oder auf einem Wabenschlitten in den Kasten eingeschoben. Diese Bienenkästen werden auch Blätterstock genannt. Typische Beuten sind hier die Kuntzsch-Zwilling-Beute, die Nenninger-Hoehns-»Universal«-Dreiraumbeute und die Einheitsblätterbeute nach Alberti. Da in diesen Beuten die Waben übersichtlicher als im

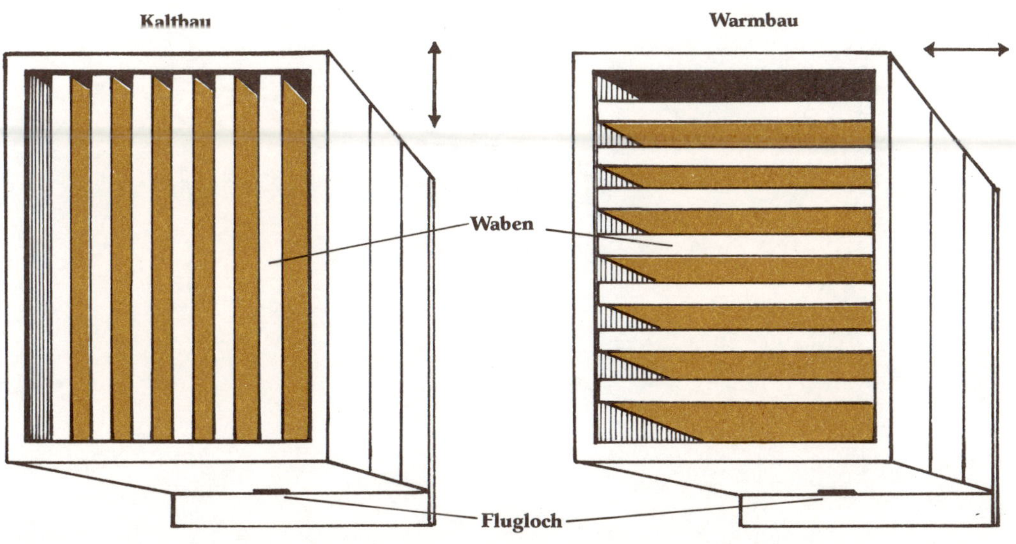

Blick von oben in eine Beute mit Waben in Kalt- (links) und Warmbau (rechts)

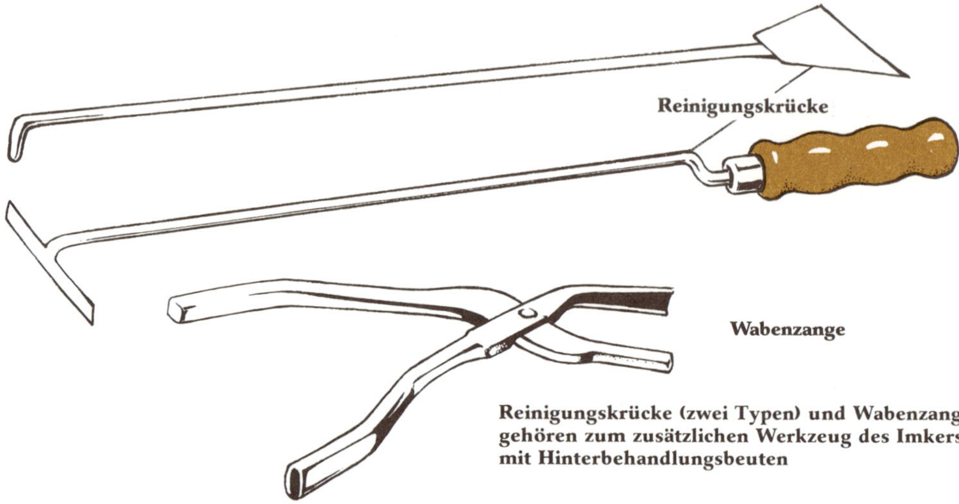

Reinigungskrücke (zwei Typen) und Wabenzange gehören zum zusätzlichen Werkzeug des Imkers mit Hinterbehandlungsbeuten

Transportkisten für Honigwaben

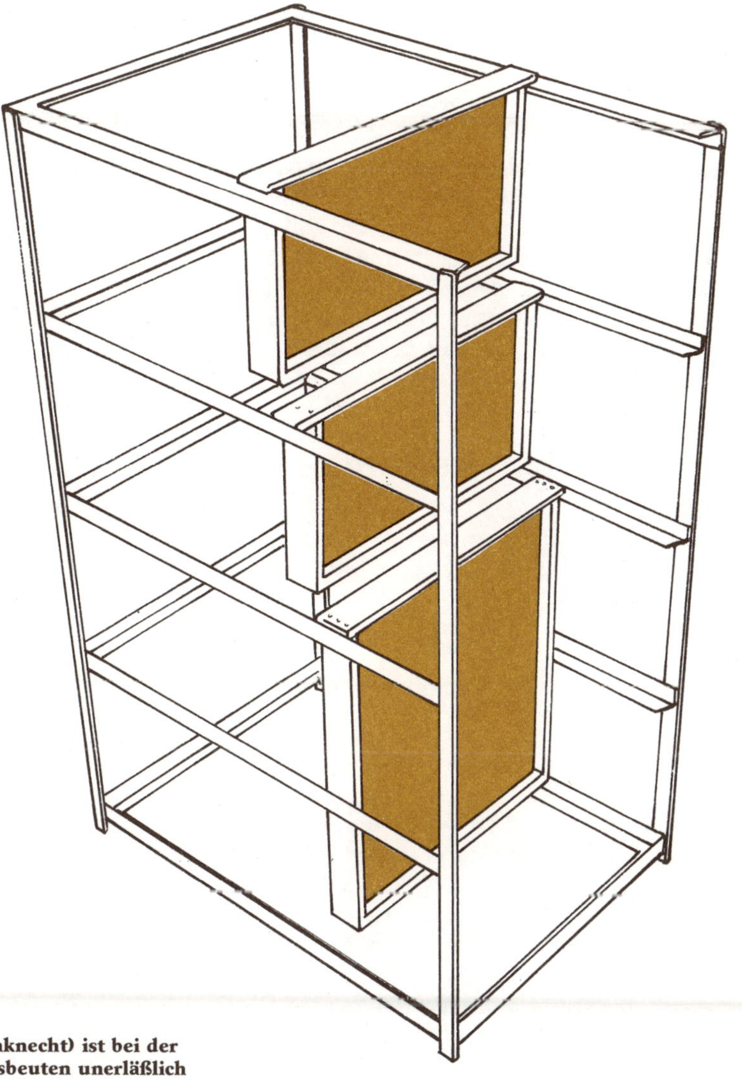

Ein Wabenbock (oder Wabenknecht) ist bei der Arbeit an Hinterbehandlungsbeuten unerläßlich

Warmbau angeordnet sind, ist das Risiko des Quetschens von Bienen und der Königin geringer. Die Bienen haben die Möglichkeit, im Sichtfenster eine Wabe im sogenannten Baurahmen zu bauen und legen hier meist Drohnenbau an. Bei Bedarf wird das Brutnest durch sogenannte »Blindwaben« (Bretter in Rähmchengröße) eingeengt.

Es wurde lange (heftigst!) diskutiert, ob Warmbau oder Kaltbau für den Temperaturhaushalt im Bienenvolk besser sei. Die Summe zahlloser Arbeiten, die sich oft widersprechen, zeigt, daß die Ausrichtung der Waben in der Beute keinen gravierenden Einfluß auf das Bienenvolk hat. Andere Faktoren (Beutenisolation, Standort, Raumangebot etc.) beeinflussen die Volksentwicklung wesentlich stärker.

Wer mit Hinterbehandlungsbeuten arbeitet, braucht zusätzlich zum oben angeführten Werkzeug noch eine Wabenzange und eine sogenannte Reinigungskrücke, um die besetzte Beute zu reinigen. Außerdem muß noch eine Reihe von wichtigem Zubehör angeschafft werden. Hierzu gehören ein Wabenschrank zum Lagern von Waben, ein Wabenbock zum Aufstellen der Waben während der Bearbeitung der Völker, eine Transportkiste für Honigwaben und Ablegerkästen zur Bildung neuer Völker. Allein schon aus dieser Liste erkennt man, daß auch der Kleinimker mit wenigen Völkern bei der Arbeit mit Hinterbehandlungsbeuten auf ein Bienenhaus angewiesen ist, nur um das notwendige Zubehör unterzubringen.

Die Oberbehandlungsbeuten

Auch bei den Oberbehandlungsbeuten sind mehrere Beutentypen zu unterscheiden. Die Trog- und Lagerbeuten haben nicht oder nur begrenzt erweiterbare Bruträume. Sie bestehen nur aus einer Etage, und die Kästen benötigen entsprechend viel Grundfläche. Die Bearbeitung ist jedoch leicht. Wie bei den Hinterbehandlungsbeuten entfällt das Heben schwerer Honigräume. Nur einzelne Waben müssen bewegt werden. Die Waben können dabei je nach Typ sowohl im Warm- wie auch im Kaltbau hängen. Typische Beutentypen sind hier die Alpenbeute, die Schwäbische Lagerbeute, die Gerstung-Ständerbeute oder die Längsbau-Lagerbeute nach Golz. Ein großer Nachteil all dieser Beuten ist das große Gewicht, wenn sie zur Honigtracht mit Völkern besetzt sind. Sie eignen sich daher hauptsächlich für die Arbeit an festen Standorten (z. B. Bienenhaus) und weniger für die Wanderung.

Das Magazin

Der weltweit am weitesten verbreitete Beutentyp ist das Magazin, verbunden mit einer Betriebsweise, wie sie von Langstroth in die Imkerei eingeführt wurde. Eine Magazinbeute besteht aus einem Unterboden, einer beliebigen Anzahl von Wabenräumen (Zargen) und einem Deckel. Es gibt auf dem deutschen Markt derzeit eine Vielzahl von Modellen, die sich aber letztlich nur in Einzelheiten voneinander unterscheiden. Magazine amerikanischer Bauweise zeichnen sich dagegen durch einen besonders einfachen Bau aus, der ganz auf die Bedürfnisse großer kommerzieller Imkereien ausgelegt ist. Deutsche Fabrikate sind aufwendiger verarbeitet, was zu ungunsten der Arbeitsgeschwindigkeit, aber zugunsten des Arbeitskomforts geht. Sowohl Berufs- als auch Freizeitimker bevorzugen dieses variable Beutensystem, das tatsächlich in fast allen Belangen den bisher vorgestellten Systemen überlegen ist. Die Beutengröße kann jederzeit an die Bedürfnisse des Bienenvolks und des Imkers angepaßt werden. Die Honigentnahme wird enorm beschleunigt, da man nicht mehr einzelne Honigwaben aus dem Volk entfernt, sondern gleich ganze Honigzargen auf einmal. Wabenschränke und Wabenböcke sind nicht mehr notwendig, da Leerzargen diese Funktion übernehmen. Spezielle Ablegerkästen sind unnötig, da man durch Schiede die einzelnen Zargen beliebig einengen kann. Ein solches Betriebssystem kommt natürlich besonders dem Berufsimker entgegen, aber auch der Hobby-Imker kann seine Vorteile aus der Magazinimkerei ziehen. Zudem sind die Anfangsinvestitionen erheblich niedriger als bei der Imkerei mit Hinterbehandlungsbeuten.

Bei der Hinterbehandlungsbeute ist es kaum möglich, die Beuten ohne eine wohlausgerüstete Möbelschreinerei anzufertigen. Wenn Beschläge, Kläppchen und Führungsschienen nicht mit höchster Präzision und exakt angefertigt sind, können die Beuten im späteren Betrieb nicht bearbeitet werden. Das Magazin dagegen bietet dem passionierten Imker und Heimwerker die Möglichkeit, die Bienenkästen selbst zu bauen. Die schlicht konzipierten Magazine haben große Toleranzgrenzen und können auch in einer bescheiden ausgerüsteten Werkstatt angefertigt werden. Die Bauzeichnungen für ein Langstroth- und ein Zander-Magazin zeigen, daß einfachstes Holzwerkzeug zum Bau dieser Beuten in jedem Fall ausreicht. In neuerer Zeit werden auf dem Markt bereits

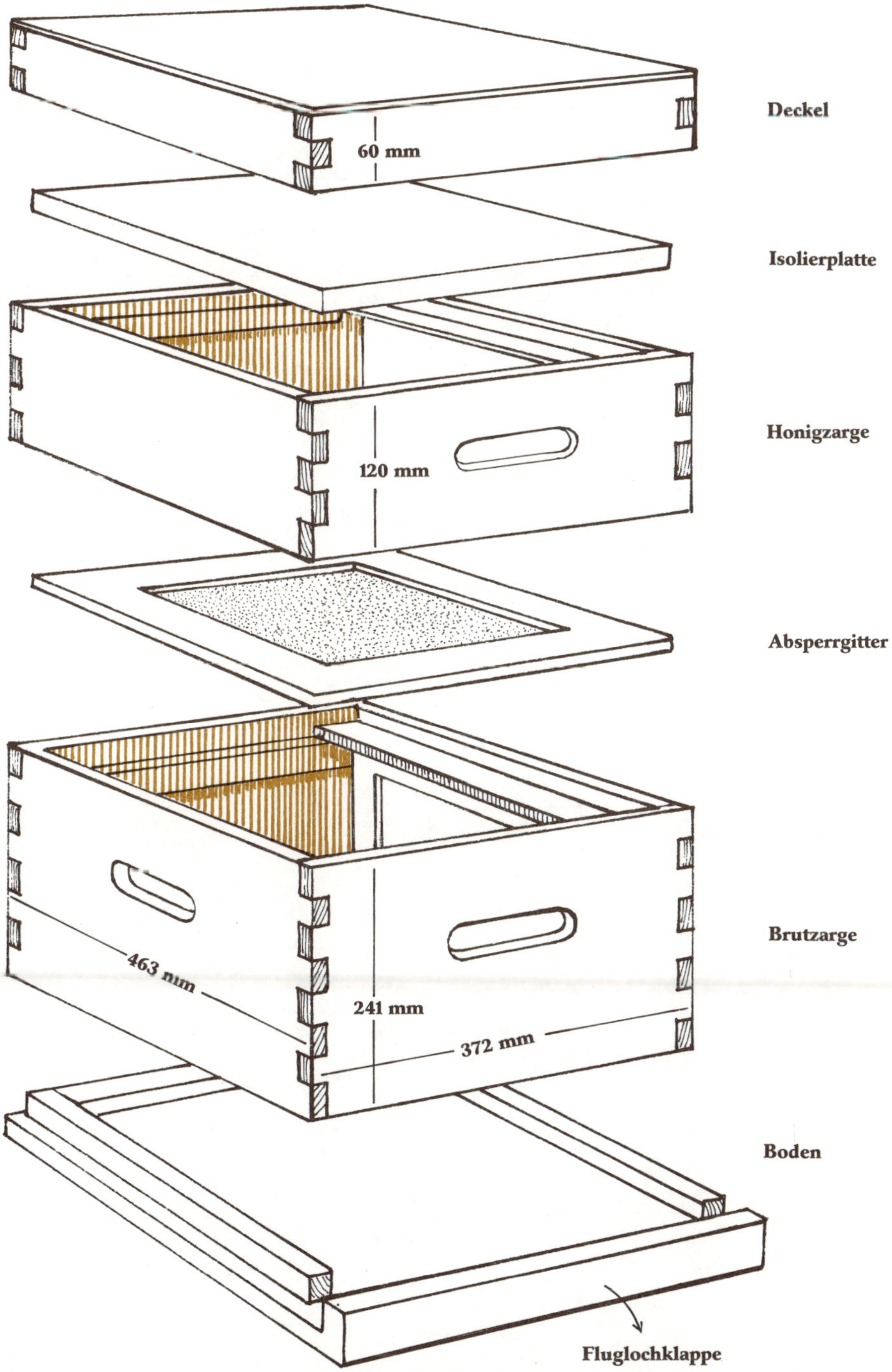

Amerikanisches Langstroth-Magazin mit halbhohen Honigzargen

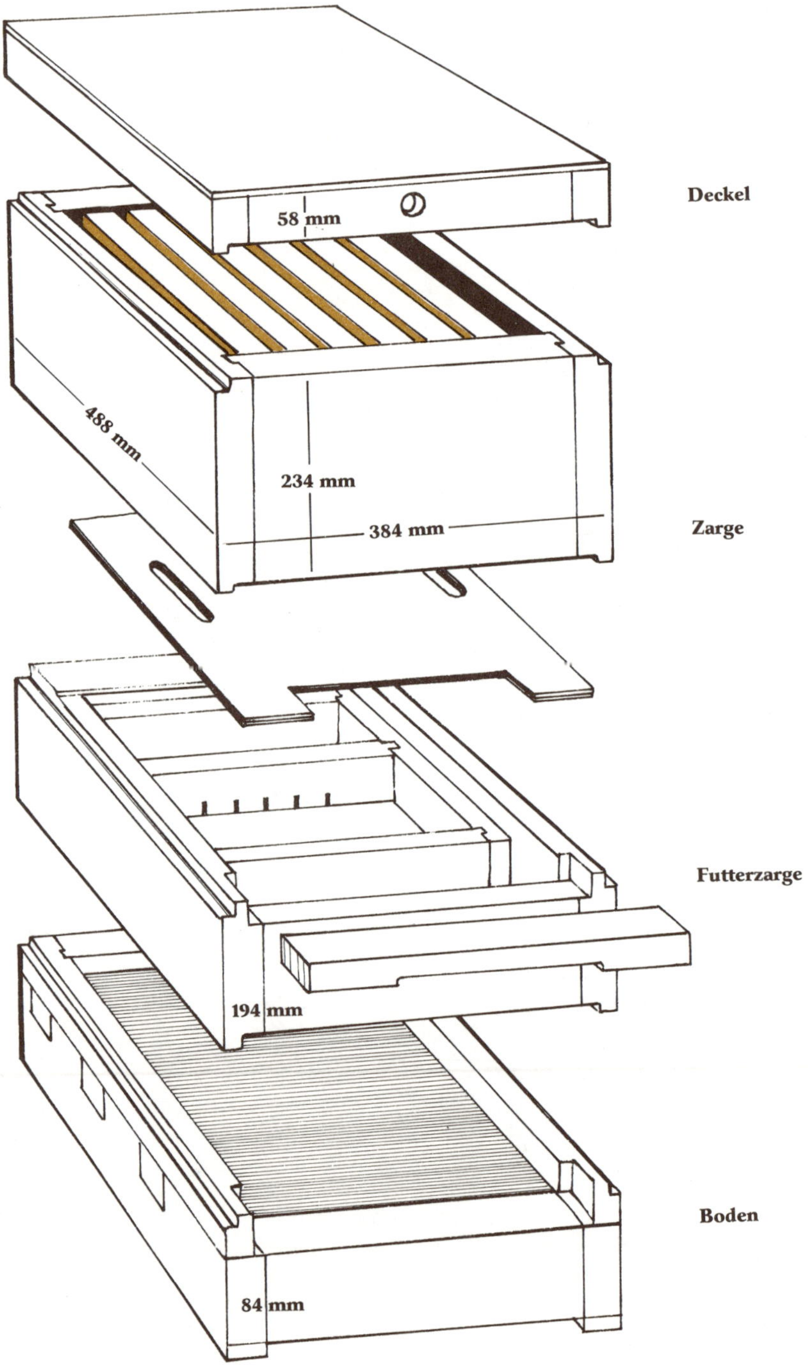

Magazin im Zandermaß mit Spezialzarge für das Futtergeschirr

erste Beuten angeboten, die zum Teil aus Kunststoffen angefertigt sind. Kunststoffbeuten bieten den Vorteil des leichteren Gewichts und der Verrottungsfestigkeit. Es gilt bei der Auswahl jedoch zu beachten, daß nur solche aus hochwertigen Kunststoffen gekauft werden sollten, die den Anforderungen genügen, die der Imker an den Beutenwerkstoff stellt. Der Kunststoff darf bei Temperaturen von −30° Celsius bis 100° Celsius weder die Form verlieren noch reißen, er muß stabil gegen ultraviolettes Licht sein, er sollte gute Thermoisolationswerte aufweisen, er muß bruch- und reißfest sein und darf weder von Wachsmotten noch von Ameisen angegriffen werden können.

Die Magazinbeuten eignen sich hauptsächlich für die Freiaufstellung. Als Wetterschutz kann man Wellblechdächer über die Magazine legen. Noch einfacher: Man verwendet aluminiumbeschichtete Überwurfdeckel, die jeglichen weiteren Schutz unnötig machen. Unter dem Außendeckel sollte sich ein Innendeckel aus Dämmaterial befinden. Die Isolation nach oben ist besonders wichtig, um eventuellem Wärmeverlust, aber auch Überhitzung bei starker Sonneneinstrahlung vorzubeugen. Die oberste Honigzarge sollte zudem durch eine Plastikfolie abgedeckt sein. Dies verhindert, daß die Bienen die Rähmchen am Deckel verkitten, und reduziert die mechanische Störung des Bienenvolks während des Eingriffs. Die Honigzargen werden insbesondere bei den amerikanischen Magazinen auch halbhoch gebaut. Dies hat den Vorteil, daß sie auch von »normalen« Imkerinnen und Imkern ohne anschließende Rückenbeschwerden gehoben werden können. Als Nachteil stehen die beiden unterschiedlichen Rähmchenmaße entgegen, dem durch ein größeres Wabenlager begegnet werden muß. Dennoch erscheint das halbhohe Magazin gerade für den Freizeitimker als eine durchaus »tragbare« (im wahren Sinne des Wortes) Alternative.

Unter dem Honigraum befindet sich der Brutraum, der – wie auch in den bisher behandelten Beuten – mit einem Königinnenabsperrgitter vom Honigraum abgetrennt ist. Der Brutraum besteht üblicherweise aus einer Zarge. Unterhalb des Brutraums schließlich – abgetrennt durch ein sogenanntes Bauschied, welches das Anbauen der Waben an den Boden verhindert – befindet sich der Unterboden. Gerade bei deutschen Magazinbeuten gibt es hier eine reiche Vielfalt verschiedenster Formen und Typen. Im sogenannten hohen Unterboden kann man Futtergeschirre, Wandergitter und sonstige Spezialeinrichtungen einbauen, die einem die Arbeit an den Bienen erleichtern können.

Neben der Diskussion um den optimalen Bienenkasten kann man auf jedem Imkertreffen hitzigste Auseinandersetzungen über die Wahl des richtigen Rähmchenmaßes auslösen. Hier hat der Wildwuchs des imkerlichen Ideenreichtums wirklich am stärksten gewütet. Es gibt Längs- und Querformate, Dickwaben, Halbformate, Vollformate in einer unendlichen Vielfalt von Größen. Der Anfänger sollte sich hier nicht durch scheinbare Kenntnisse alter Hasen in die Irre führen lassen. Welches der gängigen Rähmchenmaße man nun endgültig wählt, ist den Bienen weitgehend egal. Solange sie nicht kopfschüttelnd aus der Beute ausziehen, hat man ihnen ein akzeptables Zuhause geschaffen. Es sollte bei der Wahl des Rähmchenmaßes allerdings bedacht werden, daß die Honigwaben schließlich auch in die Honigschleuder passen müssen. Weltweit hat sich bis heute das »Langstrothmaß« (232 x 448 mm) durchgesetzt.

Rähmchenmaße (Außenmaße)

Typ	Höhe x Breite
Alpenbeute	260 x 370 mm
Badisches Vereinsmaß	210 x 240 mm
Dadant	285 x 448 mm
Freudenstein	200 x 338 mm
Gerstung	410 x 260 mm
Gottschalk	320 x 280 mm
Kuntzsch quer	250 x 330 mm
Kuntzsch hoch	330 x 250 mm
Langstroth	232 x 448 mm
Normalmaß	370 x 223 mm
Schwäbisches Maß	362 x 272 mm
Schweizer	260 x 338 mm
Zander	220 x 420 mm

In Deutschland dagegen wird man neben dem kleineren »Zandermaß« (220 x 420 mm) das noch kleinere »Normalmaß« (223 x 370 mm) am häufigsten finden.

Die Anfertigung der Rähmchen sollte auch in einer einfach ausgerüsteten Heimwerkstatt nicht schwerfallen. In die fertigen Rähmchen wird man in den oberen und unteren Querträger einige kleine Löcher bohren, durch die man den Rähmchendraht (im Handel erhältlich) hin und her spannt. Man befestigt ihn mit jeweils einem kleinen Nagel an den beiden Enden. In die Rähmchen hinein kommen die Mittelwände. Man »lötet« sie ein, indem man an beide Enden des Rähmchendrahts eine 12-Volt-Spannung legt, die Mittelwand auflegt und wartet, bis der Draht im Wachs eingeschmolzen ist. Es gibt hierfür eigens Transformatoren im Fachhandel, aber ein Ladegerät für Autobatterien tut es auch.

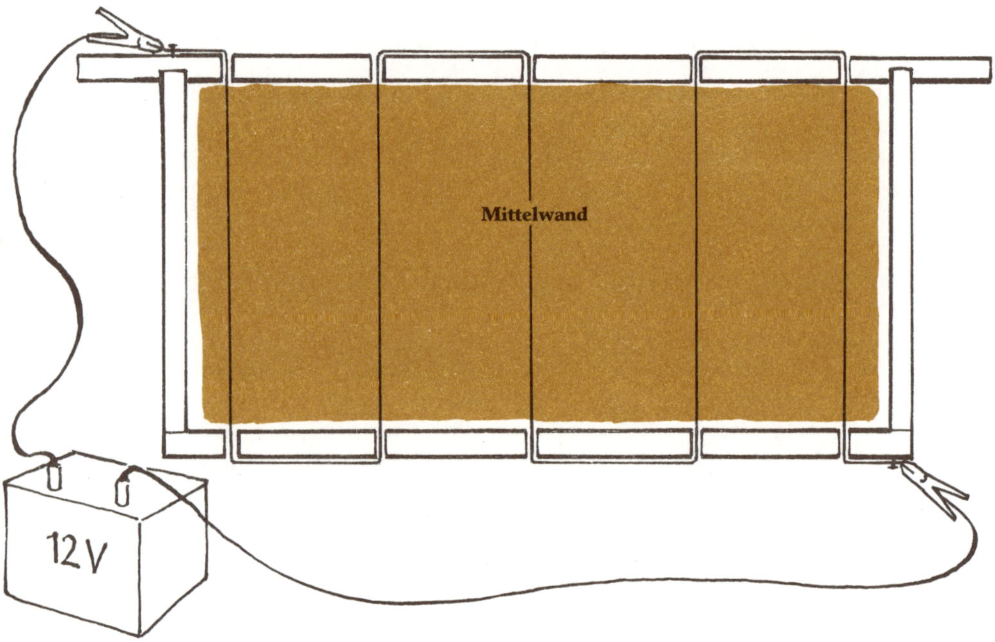

Einlöten einer Mittelwand in ein Rähmchen

Bienenrassen

Sind Beute und Rähmchenmaß gewählt, so stellt sich die Frage nach der richtigen Biene. Die Antwort ist leicht: es gibt sie nicht. Der Imker braucht eine Wüsten-Regen-Tropen-Gletscher-Sommer-Winter-Biene, die möglichst ohne jegliche Trachtverhältnisse tonnenweise Honig liefert. Die Frage nach der richtigen Bienenrasse zeugt an sich schon von reichlichem Unverstand über Imkerei und Bienenbiologie. Im Gegensatz zu den klassischen Haustieren (Rind, Pferd, Hund), die vom Menschen gezüchtet und ausschließlich für dessen Zwecke genutzt werden, ist die Honigbiene – trotz aller Bemühungen des Imkers – nach wie vor ein frei lebendes Tier. Entsprechend unterschiedlich sind dann jeweils die Definitionen, wenn wir z. B. von Hunde- und Rinderrassen einerseits oder aber Rassen der Honigbiene andererseits sprechen.

Die Rassen der klassischen Haustiere (z. B. auch der Hühner) sind reine Zuchtrassen, die der Mensch in jahrtausendelanger Zuchtarbeit planmäßig ausgelesen hat. Bei der Honigbiene fand eine künstliche Auslese in diesem Maß nicht statt.

Wirtschaftsbienen

Die Bienenrassen, wie wir sie heute finden, sind das Produkt einer natürlichen Selektion. D. h., die Natur und ihre jeweiligen Umweltbedingungen haben bestimmte Typen von Bienen bevorzugt und andere ausgemerzt. Das bedeutet aber auch, daß die vielen Bienenrassen, die wir heute kennen, durch natürliche Selektion (nicht künstliche durch den Menschen!) entsprechend genau an die Umwelt ihrer jeweiligen Heimatregion angepaßt sind. Die Anpassung an die natürliche Umwelt entspricht nun aber durchaus nicht den Ansprüchen, die der Imker an die Honigbiene stellt. Im Gegensatz zu den klassischen Haustierrassen, die die vorläufige Endform einer langen Zucht darstellen, haben wir es bei den Honigbienenrassen mit Wildformen zu tun, die die Grundlage für eine Zuchtarbeit darstellen.

Derzeit sind 23 distinkte Rassen der Honigbiene bekannt. Weltweit hat die »Italiener-Biene«, *Apis mellifera ligustica,* als Wirtschaftsbiene die größte Bedeutung. Sie ist ausgesprochen brutfreudig und kann in warmen Gebieten bei guter Trachtlage Rekordernten einholen. Sie wird auf den Großimkereien Mexikos und Australiens eingesetzt. Ihr geringer Schwarmtrieb kommt der extensiven Betriebsweise, in der 10 000 Bienenvölker pro Betrieb keine Seltenheit sind, entgegen. In unserem gemäßigten Klima tut sich die Ligustica jedoch oft schwer. Im Winter haben die Völker einen sehr hohen Futterverbrauch, und in trachtlosen Perioden wird das Brutgeschäft nicht entsprechend reduziert. Dies führt zwangsläufig dazu, daß der Imker oft eingreifen muß und zufüttert, damit die Völker nicht verhungern.

In Deutschland war ursprünglich die sogenannte schwarze Landrasse, *Apis mellifera mellifera,* vertreten. Erst vor etwa 10 000 Jahren wanderte diese Rasse – von der spanischen Honigbiene abstammend – in Europa ein. Sie war in West- und Zentraleuropa nördlich der Alpen von den Britischen Inseln bis zum Ural verbreitet. Der Polarkreis stellt etwa die nördliche Verbreitungsgrenze dar. Die Bienenrasse stand im Verruf, aggressiv und nervös zu sein. Im Frühjahr zeigt sie eine sehr langsame Entwicklung mit einem sehr schwach ausgeprägten Schwarmtrieb. Heute findet man diese Biene fast nicht mehr. Sie wurde in Deutschland durch immense Bienenimporte und gezielte Verdrängungszucht nahezu ausgerottet. In Dänemark und in Südfrankreich sind noch reine Populationen dieser ursprünglichen Honigbiene zu finden.

Schon früh importierten deutsche Imker auf der Suche nach der »besten« Biene eine andere Bie-

nenrasse, *Apis mellifera carnica,* aus Österreich und dem Balkan. Sie steht im Ruf, eine extrem schnelle Frühjahrsentwicklung durchzuführen. Dadurch ist sie insbesondere für den Einsatz in der Frühtracht und für die Obstbestäubung geeignet. Sie ist heute die am weitesten verbreitete Bienenrasse im deutschsprachigen Raum.
Inwieweit die für die Imkerei wichtigen Carnica-Merkmale tatsächlich Eigenschaften der natürlichen Rasse sind, ist allerdings ungewiß. Die Carnica, die heute in der Imkerei eingesetzt wird, ist das Produkt einer nahezu 60jährigen Selektion. Zu der Zeit, als die einheimische Mellifera flächendeckend züchterisch verdrängt wurde, gab es keine vergleichbaren Zuchtbemühungen, um die Mellifera in ihren Eigenschaften imkergerecht auszulesen. Erst in den letzten Jahren besinnen sich Imker in Frankreich und den Niederlanden und versuchen, durch Zuchtprogramme die originale heimische Honigbiene wieder für die Imkerei attraktiver zu gestalten.
In Deutschland erscheint ein solches Vorhaben jedoch nicht mehr sinnvoll durchführbar. Die Carnica ist bereits zu sehr verbreitet, als daß man noch andere Bienenrassen in der deutschen Imkerei propagieren oder verwenden sollte. Das Hauptproblem stellen nämlich die Hybriden zwischen verschiedenen Rassen dar. Nach wie vor werden die meisten Königinnen auf natürlichen, unkontrollierten Drohnensammelplätzen begattet. Dort wird es demnach zu Rassenkreuzungen kommen. Die resultierenden Völker sind in der Regel äußerst vital. Dies hat zwar Vorteile insofern, als man vielleicht 1 oder 2 Kilogramm mehr Honig ernten kann. Der Nachteil besteht jedoch darin, daß eine erhöhte Vitalität des Bienenvolks meist gepaart ist mit einer erhöhten Stechlust. Dies wiederum kann leicht dazu führen, daß überhaupt kein Honig mehr geerntet werden kann, da die Nachbarn erfolgreich Rechtsmittel einlegen. Es kann also nicht deutlich genug betont werden: Für die Imkerei in Ballungsräumen ist die Stechlust das allerwichtigste Merkmal eines Bienenvolks! Es gibt hier keinen Mittelweg und keine Kompromisse. In dem Moment, in dem ein Bienenstand als öffentliches Ärgernis erkannt ist, muß er verschwinden. Das Schlimmste dabei ist, daß die Imkerei als Ganzes dabei leicht in Mißkredit gerät.

Afrikanisierte Bienen

Ein Beispiel besonders aggressiver Hybriden hat in den letzten Jahren in der Presse immer wieder für Schlagzeilen gesorgt. Die »Mörderbienen« Südamerikas sind nichts anderes als hochaggressive Hybriden zwischen europäischen Bienen und der afrikanischen Rasse, *Apis mellifera scutellata,* die in den Tropen Ostafrikas vorkommt. Wieder war es die Suche nach der »besten Biene«, die diese für die Imkerei einmalige Katastrophe auslöste.
Man fand, daß die europäischen Bienen nur schlecht an die tropischen Klimaverhältnisse Brasiliens angepaßt waren. Die Idee war, afrikanische Bienen aus den Tropen zu importieren und für die Honigproduktion einzusetzen. Ein durchaus plausibler Gedanke, wie man zunächst meint. Doch es sollte anders kommen. Die afrikanischen Importköniginnen bauten rasch Völker auf und schwärmten und schwärmten und schwärmten. Tropische Bienen kennen keine Winter und können daher in sehr kleinen Einheiten überleben. Zudem bilden sie sogenannte Wanderschwärme, die ihre Ausbreitung weiter begünstigen.
Die afrikanischen Bienen kreuzten sich mit den vorhandenen europäischen Bienen. Die Hybriden sind die gefürchteten »Mörderbienen«, die bei der kleinsten Störung alles, was sich im Umkreis von mehreren hundert Metern bewegt, als Feind und Angreifer einschätzen und sofort mit mehreren tausend Arbeiterinnen attackieren. Mensch und Vieh in der Umgebung von Bienenständen waren akut gefährdet, und man mußte die Bienen im Urwald – weitab von jeglicher Zivilisation – aufstellen. Die gesamte Imkerei lag jahrelang darnieder und ist erst jetzt – 30 Jahre später – durch diese veränderte Betriebsweise dabei, sich langsam zu erholen. Die afrikanisierten Bienen breiten sich dabei in einer noch nie dagewesenen Geschwindigkeit aus. Sie stehen heute in Mexiko,

dem größten Honigproduzenten der Welt, und drohen, in die USA einzuwandern. Bislang gibt es kein praktikables Mittel, ihre Ausbreitung künstlich zu stoppen. Das Klima wird allerdings wahrscheinlich zu Hilfe kommen: in dem Moment, in dem kalte Winter oder lange trachtlose Phasen auftreten, werden die kleinen Schwärme nicht überleben können.

Dieses Beispiel zeigt eindrucksvoll, wohin die Suche nach der »besten Biene« führen kann. Es zeigt auch, daß ungetestete Rassenhybriden auf keinen Fall im dichtbesiedelten Westeuropa in der Imkerei verbreitet Einsatz finden sollten. In Südamerika hat man als Konsequenz auf die afrikanisierte Biene die Betriebsweise grundlegend verändert und ist dazu übergegangen, die Bienen im Urwald weitab von menschlichen Siedlungen zu halten. Was macht man aber, wenn der einzige verfügbare Urwald der Asphaltdschungel der Städte ist? In der Industriegesellschaft ist im Sinne des Wortes »kein Platz« für stechlustige Bienen.

Die Bienenpflege rund ums Jahr

Frühjahr

Wenn das Thermometer absolute Minusrekorde verbucht und der Imker mit großem Feuerwerk die Jahreswende gefeiert hat, beginnt das Bienenvolk unbeachtet vom Imker mit der Vorbereitung für die kommende Saison. Bereits Mitte Februar legen die Bienen ein kleines Brutnest an und zeigen rege Brutpflege. Die Bienen, die aus dieser frühen Brut schlüpfen, werden im späteren Frühjahr die ersten Sammlerinnen; sie tragen zu einer erfolgreichen Auswinterung bei. In dieser kritischen Phase brauchen die Bienen einen guten Pollen- und Futtervorrat.
Der Imker kann in dieser Zeit allerdings nicht viel tun. Im Gegenteil! Eingriffe würden den Temperaturhaushalt der Völker ganz erheblich durcheinander bringen und irreparable Schäden verursachen. Auch Fütterungen zu dieser Zeit schaden mehr, als daß sie nutzen. Wer die Völker gut auf den Winter vorbereitet hat, kann sich daher getrost ins Faschingstreiben stürzen und sollte die Bienen bis März vergessen.

Der Stuhlgang

Das erste Zeichen dafür, daß der Imker sich auf die Bienensaison vorbereiten sollte, ist der sogenannte Reinigungsflug, der von größter biologischer Bedeutung für das Bienenvolk ist. Die Winterbienen konnten über Monate hinweg ihren Darm nicht entleeren. Dies holen sie am ersten Flugtag des Jahres schleunigst nach. Es lohnt sich nicht, an solchen Tagen frisch gewaschene Wäsche im Bienengarten zum Trocknen aufzuhängen. Die kleinen gelben Flecken auf der Wäsche sind alles andere als die Folgen eines »gelben« Regens oder einer neuen unbekannten Umweltkatastrophe.

Dem Imker kann der Reinigungsflug schon erste Informationen über das Auswinterungsergebnis an seinem Bienenstand geben. Völker, bei denen an solchen Tagen kaum Flugbetrieb zu beobachten ist, haben womöglich den Winter nicht überlebt. Nur in solchen Zweifelsfällen sollte eine kurze Kontrolle durchgeführt werden. Ein einziger Blick in das Volk genügt, um zu prüfen, ob es noch lebt. Leere Bienenkästen und tote Völker sollten vom Stand entfernt werden. Sie ziehen im Frühjahr nur Ungeziefer und Schädlinge an und bereiten dann etliche Mehrarbeit.

Tot oder lebendig

Dies ist nach dem Winter die entscheidende Frage, die sich der Imker stellt, wenn er auf seinen Bienenstand fährt. Die erste Völkerkontrolle dient denn auch dazu, die Spreu vom Weizen zu trennen und solche Völker auszusortieren, die den Winter nicht oder nicht befriedigend überlebt haben. Die erste Nachschau des Bienenvolks sollte nach dem Reinigungsflug durchgeführt werden; an einem warmen Tag, an dem die Bienen Flugbetrieb zeigen. Bei dieser ersten Durchsicht sind der Futtervorrat und die Brutmenge zu überprüfen. Die Kontrolle sollte möglichst schnell durchgeführt werden, ohne das Volk zu sehr zu stören oder unnötig lange offen zu lassen. Bei der Kontrolle ist es lediglich notwendig, eine Wabe aus der Mitte herauszuziehen und auf Brut und Futter zu kontrollieren. Sind verdeckelte Arbeiterinnenbrut und Eier vorhanden, so ist alles in Ordnung, und man kann das Volk wieder schließen. Die restlichen Waben sollte man nicht auseinanderreißen, sondern im Volk belassen. Je weniger Störung in dieser immer noch kriti-

schen Anfangsphase der Entwicklung des Bienenvolks im neuen Jahr, desto besser.
Der Magazinimker hat es hier leicht. Er hebt zur Bestimmung des Futterstandes einfach die Zarge leicht an. Ist sie schwer, so ist alles in Ordnung. Ist sie zu leicht, so muß er füttern. Bei Bedarf (aber nur dann!) sollte man den Völkern 1 oder 2 l Flüssigfutter (Zuckerwasser 1 : 1) anbieten.
Ein gesundes Volk sollte im März etwa auf zwei bis drei Waben Brutflächen aufweisen. Findet man trotz vorhandener Königin keine Brut, so kann man versuchen, durch »Reizfütterung« mit kleinen Mengen warmer Honiglösung (1/4 l) und Zugabe einer Pollenwabe den Brutansatz zu forcieren. Meist lohnt jedoch die Mühe der Reizfütterung nicht, und man hofft vergebens auf den Beginn der Eilage der Königin. In solchen Fällen sollte man sie aus dem Volk entfernen und die Bienen einem schwachen Nachbarvolk dazugeben.
In manchen Fällen wird man feststellen, daß »buckelige« Drohnenbrut statt Arbeiterinnenbrut angelegt worden ist. Dies kann zwei Ursachen haben. Entweder die Königin legt nur noch unbefruchtete Eier, oder das Volk ist weisellos und hat in seltenen Fällen eine legende Arbeiterin. Bei drohnenbrütiger Königin ist es am besten, das Volk nach ihrer Entfernung mit einem Nachbarvolk zu vereinigen. Hat man trotz der frühen Jahreszeit Ersatzköniginnen, so kann man natürlich versuchen, diese in die »buckelbrütigen« Völker einzuweiseln. Bei sehr schwachen Völkern empfiehlt es sich, die Königin herauszunehmen und die Bienen einem Nachbarvolk dazuzugeben. Findet man einen verstärkten Totenfall, so sollte man einige Bienen nehmen und sie zur Untersuchung an die zuständigen Behörden schicken. Es könnte sich um gefährliche Bienenkrankheiten handeln, die dann den ganzen Bienenstand bedrohen (siehe Seite 116ff.). Wenn man eine Krankheit vermutet, so darf man die Bienen natürlich nicht zur Verstärkung gesunder Völker benutzen.

Die Arbeit beginnt

An einem schönen Tag Ende März oder Anfang April werden die Bienenvölker gründlich überarbeitet, und eine intensive Nachschau erfolgt. Die Beuten sollten jetzt vom Gemüll des Winters gesäubert werden. Bei der Magazinimkerei lohnt es sich, einige Ersatzzargen, Bodenbretter und Deckel mitzunehmen. Schadhafte Teile müssen ausgetauscht werden.
Man sollte sich vergewissern, daß die Königin genügend leere Zellen vorfindet, um ihre Eier abzulegen. Die Entwicklung des Volkes kommt jetzt bald in die kritische Phase, in der die Winterbienen sterben und durch junge Bienen ersetzt werden müssen. Wenn jetzt Brutlücken auftreten, kann dies zum Verlust des Volkes führen. Um die Brutentwicklung zu stimulieren, kann man verdeckelte Waben mit einem Messer aufschneiden. Die Bienen sind dann gezwungen, diesen Honig zu verarbeiten und die Zellen zu leeren. Diese Zellen werden dann in der Regel als Brutfläche genutzt.

Die Ernährung der Bienen im zeitigen Frühjahr

Ein besonderes Problem kann im zeitigen Frühjahr die Pollenversorgung werden. Oft können wegen schlechten Wetters die Weiden nicht beflogen werden, die eine äußerst wichtige Pollen- und Nektarquelle darstellen. In solchen Zeiten ist es gut, wenn man aus dem Vorjahr noch Pollenwaben in Reserve hat und jetzt solchen Völkern mit Pollenmangel zuhängen kann. Weniger bewährt hat sich die Gabe von Pollen-Zucker-Teigen direkt im Volk. Diese belasten den Darm der Bienen stark. Eine bessere Alternative sind Pollenersatzmittel, die, vom Imkereihandel angeboten, in flachen Schalen im Freien aufgestellt werden.
Ein zusätzliches Problem kann im Frühjahr die Wasserversorgung darstellen. Die Bienen benötigen gerade in dieser Phase viel Wasser. Eine Bienentränke ist unbedingt zu empfehlen, wenn keine natürlichen Wasserquellen in der Nähe des Standes vorhanden sind.

Der Wabenbau

Ende April sollte die Legeleistung der Königin voll ausgeschöpft werden. Will man die Obstblüte als Trachtquelle nutzen, so gilt es jetzt, die Bienen für die erste Frühtracht zu produzieren. Der Brutraum sollte voll freigegeben werden, und Dämmschiede und andere Einrichtungen zur Einengung des Brutnestes haben jetzt nichts mehr im gesunden Bienenvolk verloren. Mit fortschreitender Jahreszeit wird auch der Bautrieb der Bienen stärker ausgeprägt. Dies erlaubt dem Imker, auch Mittelwände einzuhängen und diese von den Bienen ausbauen zu lassen. Schwache Völker sollten spätestens jetzt vereinigt werden, wenn man sie für die Frühtracht einsetzen will. Wer daran glaubt, kann zur Stimulierung des Brutansatzes jetzt mit Honiglösung reizfüttern. Der Erfolg der Reizung ist allerdings fraglich. Sehr genau muß man hingegen auf die Pollenversorgung achten.
Wenn der Bautrieb gut ausgeprägt ist, gibt man den Bienen einen Bau- oder Drohnenrahmen. Dies ist ein Rähmchen mit einem etwa 2 Zentimeter breiten Streifen Mittelwand (sogenannte Anfangsstreifen) am Oberträger. Dieser Baurahmen verhindert, daß an den anderen Waben Drohnenbau begonnen wird. Die Produktion der Drohnen hat keinen negativen Einfluß auf den Honigertrag. Im Gegenteil, Völker, die sich normal entwickelten und frei Drohnen produzieren konnten, erzielten höhere Erträge als Völker, denen man keinen Drohnenbau erlaubte.

Der Schwarm

Im Mai werden die letzten Winterbienen sterben. Das Volk ist nun auf dem Weg zu seiner stärksten Entwicklung. Ziel des Bienenvolks ist es, sich in den nächsten Wochen zu teilen, und die alte Königin will mit einem Teil der Bienen einen Schwarm bilden. Das Volk wird daher sogenannte Schwarmzellen bauen und Königinnen heranziehen. Welche Reize das Schwärmen letztendlich auslösen, gehört weiterhin zu den Geheimnissen der Bienenbiologie. Es gibt Hypothesen, die Ammenbienen würden mangels offener Brut einen »Futterstau« bekommen, und dies würde den Schwarm auslösen. Andere meinen, das Verhältnis von Ammenbienen zu Sammlerinnen sei ausschlaggebend. Handfeste Beweise gibt es zu beiden Theorien nicht, was die Bienen jedoch nicht daran hindert, dennoch Jahr für Jahr zu schwärmen.
Beim Schwärmen treffen die unterschiedlichen Interessen von Imker und Bienenvolk am

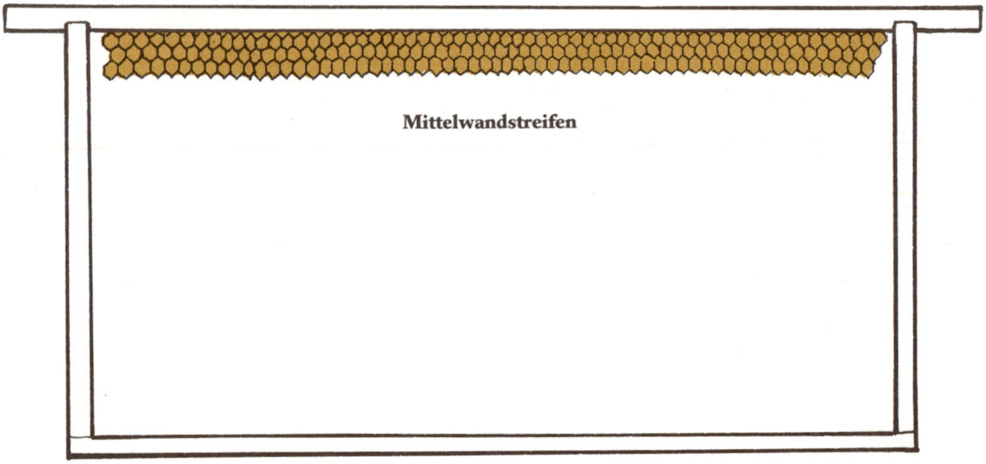

Rähmchen mit Mittelwandstreifen zum Ausbau einer Drohnenwabe

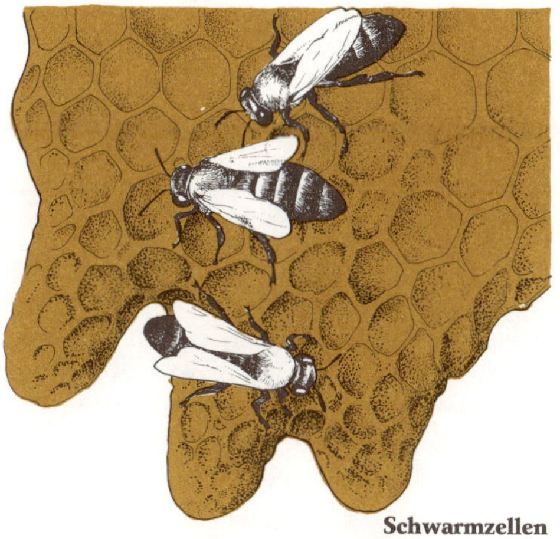

Schwarmzellen

Verdeckelte Schwarmzellen am Rande einer Wabe. Jetzt heißt es Vorsicht! Beim Auftreten von Schwarmzellen muß der Imker schleunigst eingreifen, wenn er das Schwärmen verhindern will

schärfsten aufeinander. Das vitale Bienenvolk wird sich durch einen ungebrochenen Reproduktionstrieb auszeichnen, der vitale Imker durch einen ungebrochenen Willen, eben diesen zu unterdrücken. Das Problem in der imkerlichen Betriebsweise liegt dabei hauptsächlich darin, daß die tatsächlichen biologischen Auslöser des Schwärmens nicht bekannt sind. Daher kann der Imker nur symptomatisch den Schwarmtrieb behandeln, nicht aber die Ursachen beheben.

Der Schwarm ist nun genau das, was den Interessen des Imkers diametral entgegengesetzt ist. Ein abgeschwärmtes Volk hat weniger Bienen und wird im Honigertrag deutlich unter einem nichtgeschwärmten Bienenvolk liegen. Die Schwarmverhinderung ist daher in dieser Jahreszeit die wichtigste Tätigkeit des Imkers. Er ist dabei in einer gewissen Zwickmühle. Auf der einen Seite will er möglichst starke Völker produzieren und den Brutansatz stimulieren, auf der anderen Seite darf er jedoch das Volk nicht zur Teilung kommen lassen.

Die Schwarmvorbeugung

Tatsächlich stellt die Schwarmvorbeugung eine der schwierigsten Aufgaben des Imkers dar. In dieser Phase muß er in wöchentlichen Abständen die Völker auf Königinnenzellen untersuchen und diese – falls vorhanden – zerstören. Wird hierbei nur eine Zelle übersehen, so wird das Volk bis zur nächsten Nachschau einen Schwarm produziert haben. Generell empfiehlt es sich, den Brutraum des Volkes in dieser Zeit groß zu halten. Auch das sogenannte Schröpfen der Völker durch Entnahme verdeckelter Brut kann sinnvoll sein, insbesondere dann, wenn der Anteil der offenen Brut (Eier, junge Larven) an der gesamten Brutmenge klein ist. Auf jeden Fall sollte man jetzt die Honigräume aufsetzen. Der Honigraum sollte mit ausgebauten Leerwaben und einer besetzten Brutwabe bestückt werden.

Mittelwände haben hier nichts verloren! In das Prägemuster der Mittelwand können die Bienen wohl kaum größere Mengen Honig ablagern. Sie müssen ihn dann im Brutraum einlagern, was dem Schwarmtrieb Vorschub leistet. Zudem werden die Mittelwände im Honigraum nur sehr zögerlich ausgebaut.

Weiterhin sollte man sich bemühen, immer mit jungen Königinnen in die Bienensaison zu gehen. Diese schwärmen weitaus weniger als alte. Frisch begattete Königinnen werden kaum zum Schwärmen zu bewegen sein. Die Schwarmhäufigkeit bei Völkern mit einjährigen Königinnen ist beispielsweise nur ein Drittel so hoch wie bei Völkern mit älteren Königinnen.

Nicht empfehlenswert erscheint die früher propagierte Brutbeschränkung. Verfahren, die Brutmenge künstlich klein zu halten, kosten viel Arbeit und erzielen nichts. Schwache Völker erreicht man am einfachsten, wenn man sie nach Lust und Laune schwärmen läßt. Dazu bedarf es keines Eingriffs von seiten des Imkers. Wer Bienenvölker in ihrem Brutgeschäft einengt, verfolgt eine Betriebsweise, die die biologische Entwicklung des Bienenvolks nicht ausnutzt. Dadurch entsteht unnötige Mehrarbeit und eine Ertragsminderung.

Wenn Vorbeugen nicht hilft

Wenn alle diese vorbeugenden Maßnahmen nichts nutzen und das Volk nach wie vor Schwarmzellen anlegt, hilft nur die Teilung des Volks oder die Bildung eines Ablegers. Dies reduziert zwar den Ertrag des Volks, aber man hat zumindest die Bienen sinnvoll eingesetzt und kann Winterverluste dadurch ausgleichen, daß man den Ableger bis zum Herbst wieder zu einem Volk mit voller Stärke aufbaut. In der Magazinimkerei mit zwei Brutzargen ist das Teilen des Volks besonders einfach, und man benötigt nicht noch eigens einen zweiten Ablegerbienenstand. Man gibt zwischen die beiden Brutzargen ein Absperrgitter. Nach 1 Woche findet man nur noch in der Zarge mit der Königin offene Brut. Hier vernichtet man alle Schwarmzellen. In der Zarge mit der verdeckelten Brut wird man – falls vorhanden – entweder eine Schwarmzelle belassen oder aber eine Wabe mit Eiern einhängen. Die Zarge mit der Königin wird nun mit Absperrgitter am Flugloch einige Meter entfernt vom ursprünglichen Standort mit einem Honigraum versehen und auf den Unterboden aufgesetzt. Die alten schwarmlustigen Flugbienen fliegen nun zur alten Beute zurück, in der sich noch keine Königin befindet. Dieses Prinzip kommt der Schwarmbiologie der Bienen nahe. Die alte Königin hat das Volk verlassen und einer jungen den Weg frei gemacht. In der Zarge mit der alten Königin befinden sich nur noch Jungbienen, bei denen sich die Schwarmlust schnell zurückbildet. Die Schwarmlust ist mit einem einfachen Konzept gebannt, und man hat, bei entsprechender Pflege bis zum Herbst, ein Bienenvolk hinzugewonnen.

Man muß aber nicht unbedingt seine Völkerzahl erweitern, um Schwarmverhinderung zu betreiben, sondern kann quasi einen Scheinableger im Volk bilden. Prinzipiell ändert sich

Ablegerbildung zur Schwarmverhinderung. Man trennt das Volk durch ein Absperrgitter. In der Zarge mit Königin wird nach wie vor Brut erzeugt. Nach einer Woche kann man daher – ohne Suche der Königin – entscheiden, in welcher Zarge sich die Königin befindet (a).

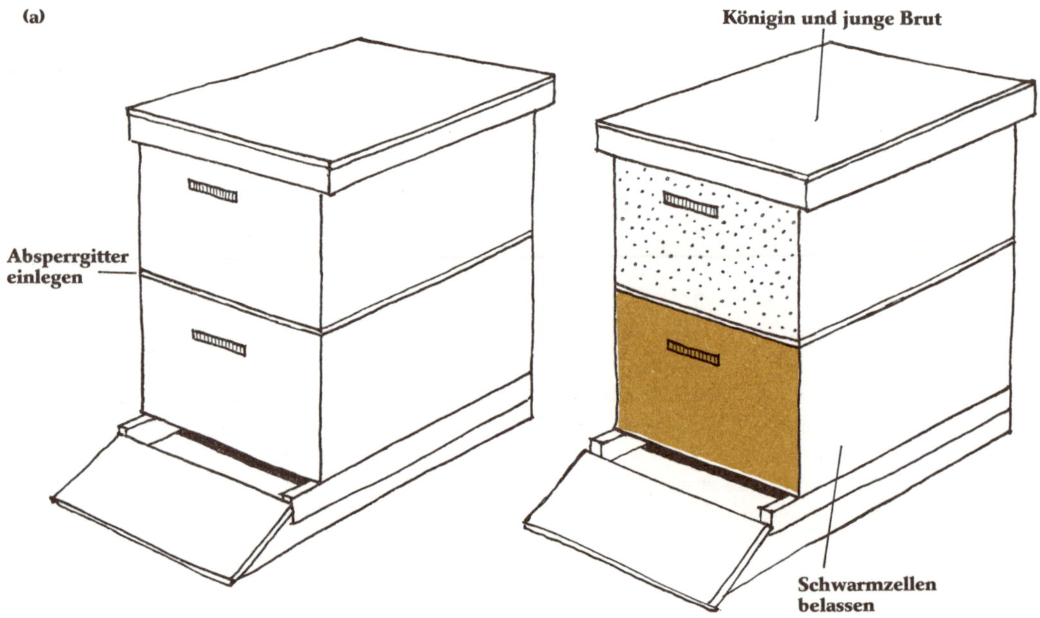

(b)

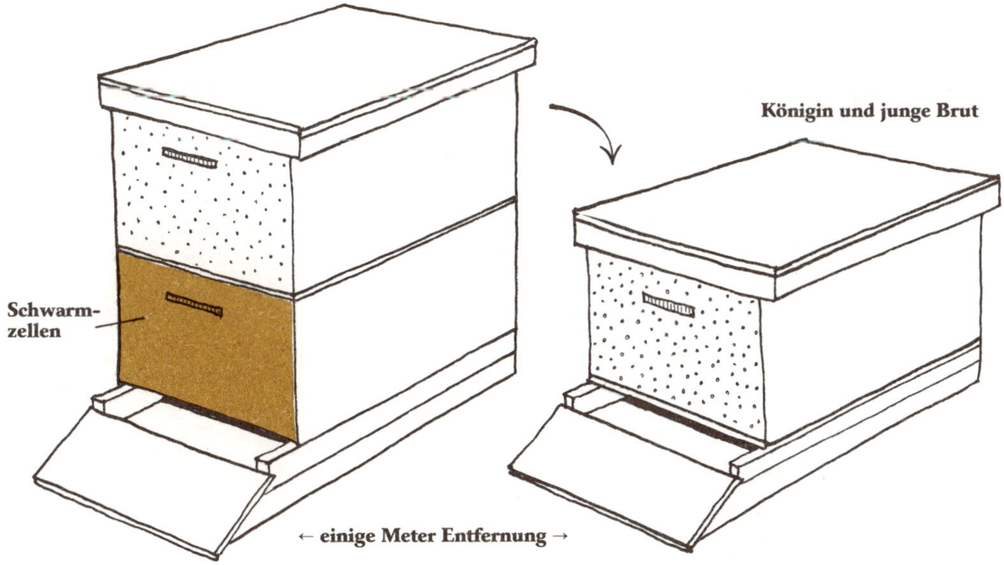

Man setzt nun diese Zarge auf einen neuen Unterboden mit Flugloch in neuer Orientierung (b). Dem Restvolk beläßt man entweder einige Schwarmzellen oder gibt eine neue Königin. Das alte Volk, das durch die Brutentnahme geschwächt wurde, verstärkt sich wieder durch die Rückkehr der Flugbienen. Der alten Königin gibt man durch Aufsatz einer Leerzarge genug Raum, um so einem eventuell verbleibenden Schwarmtrieb entgegenzuwirken (c)

(c)

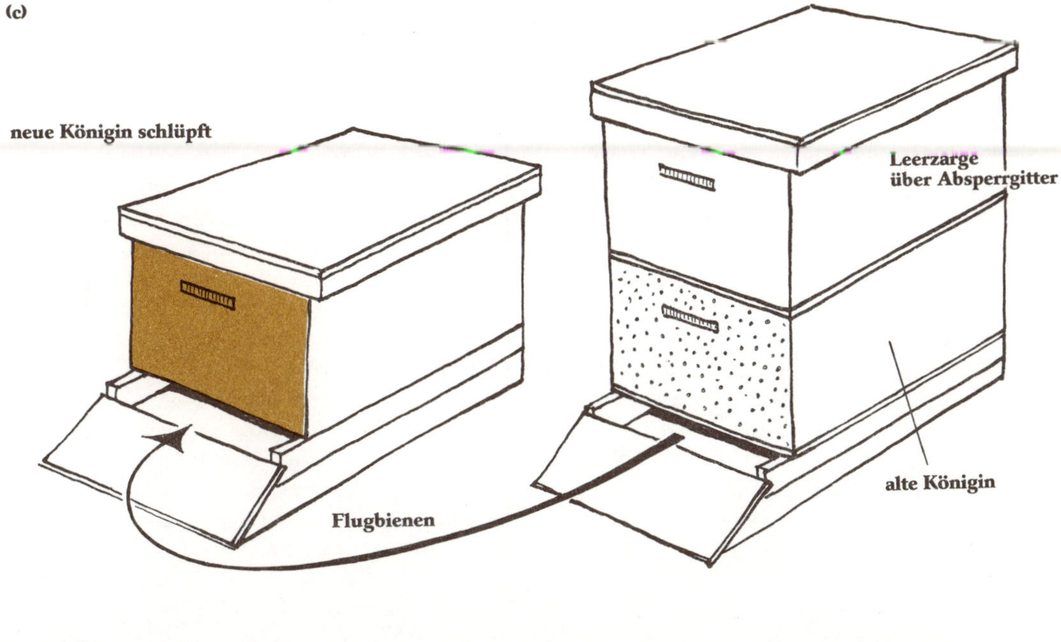

dabei zum obigen Schema nicht viel. Man gibt die Honigzarge mit einer offenen Brutwabe unter den Brutraum und sperrt diesen mit einem Fliegengitter ab. Im Deckel öffnet man ein Flugloch für die Brutraumbienen. Die alten schwarmlustigen Flugbienen fliegen aus und kehren durch das gewohnte Flugloch zurück. Hier finden sie die Brutwabe, auf der nun erneut Weiselzellen angesetzt werden. Die Weiselzellen bricht man nach 7 Tagen aus und gibt erneut eine Wabe mit offener Brut. Nach weiteren 7 Tagen entfernt man die Weiselzellen wieder und stellt die alte Ordnung – Brutraum unten, Honigraum oben – wieder her.
Ein anderes Verfahren zur Schwarmverhinderung ist der Flugbienenentzug. Man stellt das Volk an einen anderen Platz und plaziert an dessen Stelle ein schwaches, nicht schwarmbereites Bienenvolk. Dieses wird dann die Flugbienen »einsammeln« und erstarken. Das ursprüngliche Volk wird schnell seine Schwarmstimmung verlieren. Es lohnt sich allerdings, die Königin des schwachen Volks zum Schutz vor den fremden Flugbienen während dieser Prozedur im Käfig zu halten und erst nach einigen Tagen freizulassen.

Das Fangen des Schwarmes

Da die obigen Ratschläge allen Imkern geläufig sind, sollte es eigentlich keine Schwärme mehr geben. Wie wir in jedem Frühjahr wieder sehen, trifft dies bedauerlicherweise nicht zu, und es zeigt, daß die Bienen trotz all unserer Tricks und Kniffe in der Betriebsweise dem Imker häufig ein Schnippchen schlagen. Es ist immer wieder ein beeindruckendes Schauspiel, wenn ein Bienenvolk zum Schwärmen ansetzt. Tausende von Bienen quellen innerhalb von wenigen Minuten aus dem Flugloch, und die Luft braust aufgeregt. Genausoschnell wie sie kamen, beruhigen sie sich auch wieder. Der Schwarm wird sich an einem Ast oder in einem Gebüsch niederlassen und sammeln.
Sobald sich eine ruhige Traube gebildet hat, muß der Imker aktiv werden, will er verhindern, daß die Bienen sich eine neue Behausung beim Nachbarn suchen. Rechtlich steht der Schwarm demjenigen zu, der ihn fängt. Allerdings: solange der Imker seinen Schwarm – wie auch immer – »unverzüglich« verfolgt, solange gehört er auch noch ihm. Der Imker hat dabei außergewöhnliche Rechte, die ihm sogar erlauben, fremde Grundstücke und Häuser zu betreten. Natürlich muß er für Schäden an Schlössern und Zäunen, die er bei seiner Verfolgungsjagd verursacht hat, voll haften (der interessierte Leser sei auf das Bürgerliche Gesetzbuch BGB § 961–§ 968 verwiesen). Oft jedoch ist der Schwarm imkerfreundlich – gerade der Vorschwarm mit der alten flugträgen Königin – und läßt sich erst mal im heimischen Garten zur Ruhe nieder.
Das Einfangen des Schwarmes gehört sicherlich zu den aufregendsten Tätigkeiten des Imkers. Es zählt allerdings auch zu den gefährlichsten in seinem Arbeitsbereich. Es sind weniger die Bienenstiche, die hier von Bedeutung sind, als der Sturz von einer Leiter oder einem morschen Ast. Oft wird dieses Risiko gerade von älteren Imkern stark unterschätzt, was immer wieder zu vermeidbaren Unfällen führt. In den meisten Fällen ist es gar nicht notwendig, sich in luftige Höhen zu begeben. Es gibt Schwarmfangsäcke, die an langen Stangen befestigt sind. Mit ihnen kann man gefahrlos vom Boden aus Schwärme einfangen. Hängt der Schwarm ungünstig oder ist man im Zweifel, so lautet die erste Regel: Fliegen lassen! So schmerzhaft das für den enthusiastischen Imker auch sein mag.
Wenn der Schwarm günstig hängt, sollte man ihn sich aber natürlich nicht entgehen lassen. Schwärme sind ideal im Ausbau von Mittelwänden und können in sehr kurzer Zeit zu vollwertigen Völkern heranwachsen. Zunächst schüttelt man ihn vom Ast in den wie auch immer gestalteten Schwarmfangbehälter. Nur selten wird es gelingen, dabei alle Bienen einzufangen. Man stellt den Schwarm daher noch kurze Zeit im Schwarmfangkasten an der Fangstelle auf. Die noch umherfliegenden Bienen werden, sofern man die Königin gefangen hat, willig in die Kiste einziehen. Danach schließt man diese und stellt den Schwarm an einen kühlen Ort (am besten 10° Celsius). Es kann sich

lohnen, die Bienen mit etwas Futter zu versorgen, wenn man nicht weiß, wie lange der Schwarm bereits ohne Futter zugebracht hat. In dieser Phase kann man auch gegen diverse Krankheiten behandeln, was insbesondere dann wichtig ist, wenn man fremde Schwärme unbekannter Herkunft eingeschlagen hat. Erst am Abend sollte man den Schwarm in seine neue Beute einlogieren, sonst ist die Gefahr groß, daß er wieder ausschwärmt und die ganze Arbeit von neuem beginnt. Es empfiehlt sich, nicht ausschließlich Mittelwände in den Kasten zu geben. Ein bis zwei Futterwaben sowie einige helle Leerwaben erleichtern den Bienen den Start in ihrer neuen Wohnung. Die Königin kann dann gleich mit dem Brutgeschäft beginnen. Aufstellen kann man den Schwarm an jeder beliebigen Stelle auf dem Stand. Die Bienen haben ihren alten Standort »vergessen« und werden nicht zum alten Muttervolk zurückfliegen, es sei denn, man entfernt die Königin aus dem Schwarm; dann fliegen die Bienen wieder zu ihrem ursprünglichen Volk zurück.

Sommer

Der Ableger

Wer seine Völkerzahl weiter vermehren möchte, sollte das am besten bis Ende Juni, spätestens bis Mitte Juli getan haben. Die Ablegerbildung nach der Tracht hat den Vorteil, daß man starke Völker zur Honigproduktion einsetzen kann. In den weitgehend trachtarmen Sommermonaten kann man nun die neuen Ableger ohne Ertragseinbußen zu vollen Völkern aufbauen. Wer allerdings noch eine Spättracht nutzen will, sollte früher im Jahr seine Völker vermehren, um zur Trachtzeit vollstarke Völker zu haben.

Am einfachsten läßt sich die Vermehrung natürlich während der Schwarmzeit durchführen. Man nutzt dabei den natürlichen Teilungsdrang des Bienenvolks. Es gibt zahllose Techniken, Methoden und Richtlinien, wie ein Imker seinen Ableger zu bilden hat. Meist unterscheiden sie sich jedoch nur in winzigen Details, und prinzipiell folgen sie alle dem gleichen Schema: Man nimmt einige besetzte Brutwaben aus dem Muttervolk, gibt eine Königin hinzu und logiert das Ganze mit einer Leer- und einer Futterwabe in einem Ablegerkasten. Diesen Ableger stellt man auf einen eigenen Platz außerhalb des

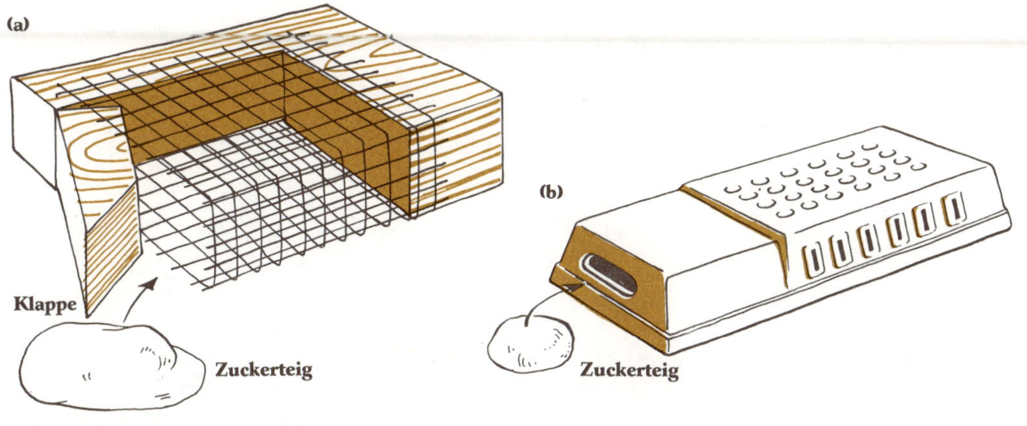

Für das Zusetzen der stockfremden Königin in einen Ableger benutzt man sogenannte Auslaufkäfige. Sie können aus Drahtgeflecht und Holz (a) oder aus Kunststoff (b) sein

Flugradius des Muttervolks, sonst würden die Flugbienen wieder zum ursprünglichen Volk zurückkehren. Das Zusetzen der Königin erfordert einige Vorsicht. Oft attackieren die Bienen die unbekannte Königin und stechen sie zu Tode. Man muß daher unbedingt mit dem Zusetzen der neuen Königin warten, bis sich der Ableger weisellos fühlt. Dies kündigt sich meist bereits nach wenigen Stunden durch ein starkes Brausen – die sogenannte Weiselunruhe – im Ablegerkasten an. Beim Zusetzen lohnt es sich, Zusatzkäfige zu verwenden, die im Fachhandel in den verschiedensten Ausführungen erhältlich sind, aber auch einfach selbst hergestellt werden können. Es handelt sich dabei um Gitterkäfige mit einem kleinen Ausgang, den man mit Zuckerteig (Puderzucker und Honig zu einem Teig vermischt) verschließt. Die Bienen müssen sich erst durch den Teig durchfressen, um zur Königin zu gelangen. Dies dauert viele Stunden. Bis dahin hat sie den Volksgeruch angenommen und wird von den Bienen akzeptiert. Natürlich kann man den Ableger statt mit einer Königin auch mit einer noch nicht geschlüpften Weiselzelle bestücken. Die Annahmerate der Königinnen ist dann größer, man hat allerdings einen Brutausfall, bis die Königin geschlüpft und begattet ist und schließlich mit der Eilage beginnt.

Der Kunstschwarm

Eine andere Methode der Ablegerbildung ist über einen sogenannten Kunstschwarm möglich. Der Aufbau des neuen Volks dauert hierbei zwar etwas länger, dafür werden die Muttervölker aber nicht so stark geschröpft. Besonders effizient ist hierbei der sogenannte Sammelschwarm, ein Verfahren, das allerdings nur bei

Bei der Bildung eines Sammelschwarms hat sich der Siebkasten bewährt

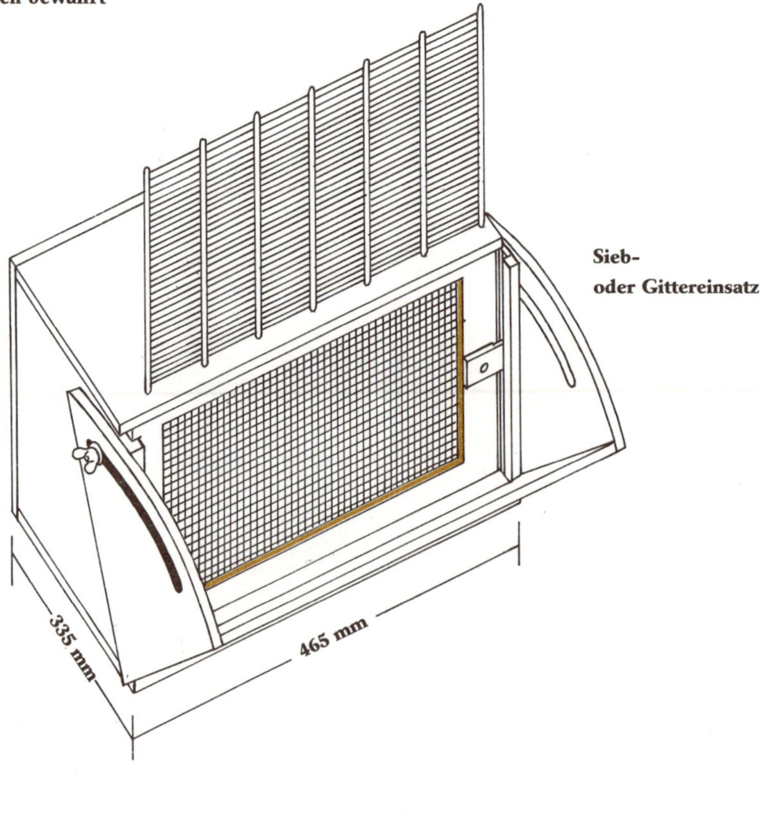

Nützliche Ratgeber

Stand: Sommer 1988

Essen und Trinken

FALKEN EXKLUSIV
Kochen in höchster Vollendung
Aus vier Elementen ist alles zusammengefügt (Theophrast). (4291) Von M. Wissing, M. Kirsch, 160 S., 230 Farbfotos, Leinen geprägt mit Schutzumschlag, im Schuber, **DM 98,–**, S 784.–

Was koche ich heute?
Neue Rezepte für Fix-Gerichte. (0608) Von A. Badelt-Vogt, 112 S., 16 Farbtafeln, kart. ●

Kochen für 1 Person
Rationell wirtschaften, abwechslungsreich und schmackhaft zubereiten. (0586) Von M. Nicolin, 136 S., 8 Farbtafeln, 23 Zeichnungen, kart. ●

Schnell und individuell
Die raffinierte Single-Küche
(4266) Von F. Faist, 160 S., 151 Farbfotos, Pappband. ●●●

Gesunde Kost aus dem Römertopf
(0442) Von J. Kramer, 128 S., 8 Farbtafeln, 13 Zeichnungen, kart. ●

FALKEN-FEINSCHMECKER
Pasta in Höchstform **Nudeln**
(0884) Von M. Kirsch, 64 S., 62 Farbfotos, Pappband. ●

Nudelgerichte
– lecker, locker, leicht zu kochen. (0466) Von C. Stephan, 80 S., 8 Farbtafeln, kart. ●

FALKEN-FEINSCHMECKER
In Hülle und Fülle
Pasteten und Terrinen
(0883) Von M. Kirsch, 48 S., 62 Farbfotos, Pappband. ●

FALKEN-FEINSCHMECKER
Spezialitäten unter knuspriger Decke
Aufläufe
(0882) Von C. Adam, 48 S., 33 Farbfotos, Pappband. ●

Eintöpfe und Aufläufe
Das Beste aus den Kochtöpfen der Welt (5079) Von A. und G. Eckert, 64 S., 50 Farbfotos, Pappband. ●●

FALKEN-FEINSCHMECKER
Herzhaftes für Leib und Seele
Eintöpfe
(0820) Von P. Klein, 48 S., 30 Farbfotos, Pappband. ●

Schnell und gut gekocht
Die tollsten Rezepte für den Schnellkochtopf. (0265) Von J. Ley, 96 S., 8 Farbtafeln, kart. ●

Kochen und backen im Heißluftherd
Vorteile, Gebrauchsanleitung, Rezepte. (0516) Von K. Kölner, 72 S., 8 Farbtafeln, kart. ●

Zaubern mit der schnellen Welle
Die neue Mikrowellenküche
(4289) Von F. Faist, 208 S., 188 Farbfotos, Pappband. ●●●

Das neue Mikrowellen-Kochbuch
(0434) Von H. Neu, 64 S., 4 Farbtafeln, 16 s/w Zeichnungen, kart. ●

Ganz und gar mit Mikrowellen
(4094) Von T. Peters, 208 S., 24 Farbfotos, 12 Zeichnungen, kart. ●●●

FALKEN-FEINSCHMECKER
Schnell auf den Tisch gezaubert
Kochen mit Mikrowellen
(0818) Von A. Danner, 64 S., 52 Farbfotos, Pappband. ●

Marmeladen, Gelees und Konfitüren
Köstlich wie zu Omas Zeiten – einfach selbstgemacht. (0720) Von M. Gutta, 32 S., 23 Farbfotos, 1 Zeichnung, Pappband. ●

Einkochen
nach allen Regeln der Kunst. (0405) Von B. Müller, 128 S., 8 Farbtafeln, kart. ●

Einkochen, Einlegen, Einfrieren
(4055) Von B. Müller, 152 S., 27 s/w.-Abb., kart. ●●

Haltbarmachen in der Öko-Küche
Gesunde Konservierungsmethoden für Obst, Gemüse, Kräuter und Pilze. (0932) Von M. Bustorf-Hirsch, 120 S., 56 Farbfotos, 36 Farbzeichnungen. kart. ●●

FALKEN-FEINSCHMECKER
Goldbraun und knusprig
Fritierte Leckerbissen
(0868) Von F. Faist, 64 S., 47 Farbfotos, Pappband. ●

Das neue Fritieren
geruchlos, schmackhaft und gesund. (0365) Von P. Kühne, 96 S., 8 Farbtafeln, kart. ●

FALKEN-FEINSCHMECKER
Die Krönung der feinen Küche
Saucen
(0817) Von G. Cavestri, 48 S., 40 Farbfotos, Pappband. ●

FALKEN-FEINSCHMECKER
Edler Kern in harter Schale
Meeresfrüchte
(0886) Von L. Grieser, 48 S., 52 Farbfotos, Pappband. ●

FALKEN-FEINSCHMECKER
Von Tatar und falschen Hasen
Hackfleisch
(0866) Von A. und G. Eckert, 64 S., 42 Farbfotos, Pappband. ●

Mehr Freude und Erfolg beim **Grillen**
(4141) Von A. Berliner, 160 S., 147 Farbfotos, 10 farbige Zeichnungen, Pappband. ●●●

Grillen für Geniesser
Fleisch · Fisch · Beilagen · Soßen. (5001) Von E. Fuhrmann, 64 S., 38 Farbfotos, Pappband. ●●

FALKEN-FEINSCHMECKER
Köstliches von Rost und Spieß
Grillen
(0931) Von A. Kalcher-Dähn, H. K. Kalcher, 64 S., 43 Farbfotos, Pappband. ●

Chinesisch kochen
mit dem Wok-Topf und dem Mongolen-Topf. (0557) Von C. Korn, 64 S., 8 Farbtafeln, kart. ●

FALKEN-FEINSCHMECKER
Verheißungsvoll fernöstlich
Spezialitäten aus dem Wok
(0933) Von H. K. Jen, 64 S., 56 Farbfotos, Pappband. ●

Schlemmerreise durch die
Chinesische Küche
(4184) Von K. H. Jen, 160 S., 117 Farbfotos, Pappband. ●●●

Nordische Küche
Speisen und Getränke von der Küste. (5082) Von J. Kürtz, 64 S., 44 Farbfotos, Pappband. ●●

Essen in Hessen
Spezialitäten zwischen Schwalm und Odenwald. (0837) Von R. Witt, 120 S., 10 s/w-Zeichnungen, Pappband. ●●

Schlemmerreise durch die
Französische Küche
(4296) Von H. Imhof, 160 S., 147 Farbfotos, 3 s/w-Fotos, Pappband. ●●●

Französisch kochen
Eine kulinarische Reise durch Frankreich. (5016) Von M. Gutta, 64 S., 35 Farbfotos, Pappband. ●●

Französische Küche
(0685) Von M. Gutta, 96 S., 16 Farbtafeln, kart. ●

Französische Spezialitäten aus dem Backofen
Herzhafte Tartes und Quiches mit Fleisch, Fisch, Gemüse und Käse
(5146) Von P. Klein, 64 S., 43 Farbfotos, Pappband. ●●

FALKEN-FEINSCHMECKER
Aus lauter Lust und Liebe
Knoblauch
(0867) Von L. Reinirkens, 64 S., 45 Farbfotos, Pappband. ●

Kochen und würzen mit **Knoblauch**
(0725) Von A. und G. Eckert, 96 S., 8 Farbtafeln, kart. ●

Schlemmerreise durch die
Italienische Küche
(4172) Von V. Pifferi. 160 S., 109 Farbfotos, Pappband. ●●●

Pizza, Pasta und die feine italienische Küche
(4270) Von R. Rudatis, 120 S., 255 Farbfotos, Pappband. ●●

Italienische Küche
Ein kulinarischer Streifzug mit regionalen Spezialitäten. (5026) Von M. Gutta, 64 S., 35 Farbfotos, Pappband. ●●

FALKEN-FEINSCHMECKER
Schlemmen wie bei Mamma Maria
Pizzas
(0815) Von F. Faist, 64 S., 62 Farbfotos, Pappband. ●

Köstliche Pilzgerichte
Tips und Rezepte für die häufigsten Pilzgattungen. (5133) Von V. Spicker-Noack, M. Knoop, 64 S., 52 Farbfotos, Pappband. ●●

Fondues
und fritierte Leckerbissen. (0471) Von S. Stein, 96 S., 8 Farbtafeln, kart. ●

Fondues · Raclettes · Flambiertes
(4081) Von R. Peiler und M.-L. Schult, 136 S., 15 Farbtafeln, 28 Zeichnungen, kart. ●●

Neue, raffinierte Rezepte mit dem Raclette-Grill
(0558) Von L. Helger, 56 S., 8 Farbtafeln, kart. ●

Rezepte rund um Raclette und Doppeldecker
(0420) Von J. W. Hochscheid, 72 S., 8 Farbtafeln, kart. ●

Die hier vorgestellten Bücher, Videokassetten und Software sind in folgende Preisgruppen unterteilt:

● Preisgruppe bis DM 10,–/S 79,–
●● Preisgruppe über DM 10,– bis DM 20,– S 80,– bis S 160,–
●●● Preisgruppe über DM 20,– bis DM 30,– S 161,– bis S 240,–
●●●● Preisgruppe über DM 30,– bis DM 50,– S 241,– bis S 400,–
●●●●● Preisgruppe über DM 50,–/S 401,– (unverbindliche Preisempfehlung)

Die Preise entsprechen dem Status beim Druck dieses Verzeichnisses (s. Seite 1) – Änderungen, im besonderen der Preise, vorbehalten –

Fondues und Raclettes
(4253) Von F. Faist, 160 S., 125 Farbfotos, Pappband. ●●●

FALKEN-FEINSCHMECKER
Schmelzendes Käsevergnügen
Raclette
(0881) Von F. Faist, 48 S., 33 Farbfotos, Pappband. ●

Kulinarischer Feuerzauber
Flambieren
(4294) Von R. Wesseler, 120 S., 100 Farbfotos, Pappband. ●●●

Kochen und würzen mit
Paprika
(0792) Von A. und G. Eckert, 88 S., 8 Farbtafeln, kart. ●

Köstlichkeiten für Gäste und Feste
Kalte Platten
(4200) Von I. Pfliegner. 160 S., 130 Farbfotos, Pappband. ●●●

Kalte Happen und Partysnacks
Canapés, Sandwiches, Pastetchen, Salate und Suppen. (5029) Von D. Peters, 64 S., 44 Farbfotos, Pappband. ●●

Garnieren und Verzieren
(4236) Von R. Biller, 160 S., 329 Farbfotos, 57 Zeichnungen, Pappband. ●●●

Desserts
Puddings, Joghurts, Fruchtsalate, Eis, Gebäck, Getränke. (5020) Von M. Gutta, 64 S., 41 Farbfotos, Pappband. ●●

FALKEN-FEINSCHMECKER
Süße Verführungen
Desserts
(0885) Von M. Bacher, 64 S., 75 Farbfotos, Pappband. ●

FALKEN-FEINSCHMECKER
Süße Geheimnisse eiskalt gelüftet
Eis und Sorbets
(0870) Von H. W. Liebheit, 48 S., 38 Farbfotos, Pappband. ●

Crêpes, Omeletts und Soufflés
Pikante und süße Spezialitäten. (5131) Von J. Rosenkranz, 64 S., 45 Farbfotos, Pappband. ●●

Kuchen und Torten
Die besten und beliebtesten Rezepte. (5067) Von M. Sauerborn, 64 S., 79 Farbfotos, Pappband. ●●

Tortenträume und Kuchenfantasien
Gebackene Köstlichkeiten originell dekoriert und verziert. (0823) Von F. Faist, 80 S., 150 Farbfotos, kart. ●●

Backen mit Lust und Liebe
(4284) Von M. Schumacher, R. Krake, 242 S., 348 Farbfotos, 18 farb. Vignetten, 3 vierseitige Ausklapptafeln, Pappband. ●●●●

Backen, was allen schmeckt
Kuchen, Torten, Gebäck und Brot. (4166) Von E. Blome, 556 S., 40 Farbtafeln, Pappband. ●●●

Meine Vollkornbackstube
Brot · Kuchen · Aufläufe. (0616) Von R. Raffelt, 96 S., 4 Farbtafeln, 12 Zeichnungen, kart. ●

FALKEN-FEINSCHMECKER
Knusprig, kernig, urgesund
Vollkornbrot
(0938) Von S. Reiter, 64 S., 56 Farbfotos, Pappband. ●

FALKEN-FEINSCHMECKER
Mit Körnern, Zimt und Mandelkern
Vollkorngebäck
(0816) Von M. Bustorf-Hirsch, 48 S., 39 Farbfotos, Pappband. ●

Biologisch Backen
Neue Rezeptideen für Kuchen, Brote, Kleingebäck aus vollem Korn. (4174) Von M. Bustorf-Hirsch, 136 S., 15 Farbtafeln, 47 Zeichnungen, kart. ●●

Selbst Brotbacken
Über 50 erprobte Rezepte. (0370) Von J. Schiermann, 80 S., 6 Zeichnungen, 4 Farbtafeln, kart. ●

Mehr Freude und Erfolg beim
Brotbacken
(4148) Von A. und G. Eckert, 160 S., 177 Farbfotos, Pappband. ●●●

Brotspezialitäten
knusprig backen – herzhaft kochen. (5088) Von J. W. Hochscheid, L. Helger, 64 S., 48 Farbfotos, Pappband. ●●

Weihnachtsbäckerei
Köstliche Plätzchen, Stollen, Honigkuchen und Festtagstorten. (0682) Von M. Sauerborn, 32 S., 34 Farbfotos, Pappband. ●

Waffeln
süß und pikant. (0522) Von C. Stephan, 64 S., 8 Farbtafeln, kart. ●

Alles mit Joghurt
tagfrisch selbstgemacht. Mit vielen Rezepten. (0382) Von G. Volz, 88 S., 8 Farbtafeln, kart. ●

Joghurt, Quark, Käse und Butter
Schmackhaftes aus Milch hausgemacht. (0739) Von M. Bustorf-Hirsch. 32 S., 59 Farbabb., Pappband. ●

FALKEN-FEINSCHMECKER
Raffiniert und gesund würzen
Kräuterküche
(0869) Von A. Görgens, 48 S., 43 Farbfotos, Pappband. ●

Mein Kräuter- und Gewürzkochbuch
(0323) Von I. Persy, K. Mieke, 96 S., 8 Farbtafeln, kart. ●

Das köstliche knackige Schlemmervergnügen.
Salate
(4165) Von V. Müller. 160 S., 80 Farbfotos, Pappband. ●●●

FALKEN-FEINSCHMECKER
Frisch und leicht als Hauptgericht
Schlemmersalate
(0934) Von C. Adam, 64 S., 49 Farbfotos, Pappband. ●

111 köstliche Salate
Erprobte Rezepte mit Pfiff. (0222) Von C. Schönherr, 96 S., 8 Farbtafeln, 30 Zeichnungen, kart. ●

FALKEN-FEINSCHMECKER
Köstlich frisch auf den Tisch
Rohkostsalate
(0865) Von C. Adam, 48 S., 26 Farbfotos, Pappband. ●

Die abwechslungsreiche Vollwertküche
Vitaminreich und naturbelassen kochen und backen. (4229) Von M. Bustorf-Hirsch, K. Siegel, 280 S., 31 Farbtafeln, 78 Zeichnungen, Pappband. ●●●●

Die feine Vollwertküche
(4286) Von M. Bustorf-Hirsch, 160 S., 83 Farbfotos, Pappband. ●●●

Meine Vollkornküche
Herzhaftes von echtem Schrot und Korn (0858) Von S. Walz, 128 S., 8 Farbtafeln, kart. ●

FALKEN-FEINSCHMECKER
Dinkel, Hirse, Roggenkorn …
Kerniges aus der Getreideküche
(0932) Von S. Frank, 64 S., 49 Farbfotos, Pappband. ●

FALKEN-FEINSCHMECKER
Die verlockende Alternative
Süße Vollwertküche
(0936) Von A. Roßmeier, 64 S., 50 Farbfotos, Pappband. ●

FALKEN-FEINSCHMECKER
Die gesunde Art, sich zu verwöhnen
Vollwertküche für Singles
(0937) Von A. Görgens, 64 S., 43 Farbfotos, Pappband. ●

Alternativ essen
Die gesunde Sojaküche.
(0553) Von U. Kolster, 112 S., 8 Farbtafeln, kart. ●

Kochen mit Tofu
Die gesunde Alternative. (0894) Von U. Kolster, 80 S., 8 Farbtafeln, kart. ●

Das Reformhaus-Kochbuch
Gesunde Ernährung mit hochwertigen Naturprodukten. (4180) Von A. und G. Eckert, 160 S. 15 Farbtafeln, Pappband. ●●●

Gesund kochen mit Keimen und Sprossen
(0794) Von M. Bustorf-Hirsch, 104 S., 8 Farbtafeln, 13 s/w-Zeichnungen, kart. ●

Keime und Sprossen in der Naturküche
(4299) Von M. Bustorf-Hirsch, 96 S., 144 Farbfotos, Pappband. ●●

Die feine Vegetarische Küche
(4235) Von F. Faist, 160 S., 191 Farbfotos, Pappband. ●●●

Biologische Ernährung
für eine natürliche und gesunde Lebensweise. (4125) Von G. Leibold, 136 S., 15 Farbtafeln, 47 Zeichnungen, kart. ●●

Gesunde Ernährung für mein Kind
(0776) Von M. Bustorf-Hirsch, 96 S., 8 Farbtafeln, 5 s/w Zeichnungen, kart. ●

Vitaminreich und naturbelassen
Biologisch Kochen
(4162) Von M. Bustorf-Hirsch, K. Siegel, 144 S., 15 Farbtafeln, 31 Zeichnungen, kart. ●●

Gesund kochen
wasserarm · fettfrei · aromatisch. (4060) Von M. Gutta, 240 S., 16 Farbtafeln, Pappband. ●●●

Naturküche à la carte
(4406) Von M. Wissing, M. Kirsch, 160 S., 179 Farbfotos, Pappband. ●●●●

Würzig kochen ohne Salz
(0922) Von S. Roediger-Streubel, 160 S., 16 Farbtafeln, kart. ●●

Natursammlers Kuchbuch
Wildfrüchte und Gemüse, Pilze, Kräuter – finden und zubereiten. (4040) Von C. M. Kerler, 140 S., 12 Farbtafeln, kart. ●●

Kräuter- und Heilpflanzen-Kochbuch
für eine gesunde Lebensweise. (4066) Von P. Pervenche, 143 S., 15 Farbtafeln. kart. ●●

Pralinen und Konfekt
Kleine Köstlichkeiten selbstgemacht. (0731) Von H. Engelke, 32 S., 57 Farbfotos, Pappband. ●

FALKEN-FEINSCHMECKER
Zart schmelzende Versuchungen
Schokolade
(0819) Von J. Schroer, 48 S., 53 Farbfotos, Pappband. ●

Die hier vorgestellten Bücher, Videokassetten und Software sind in folgende Preisgruppen unterteilt:

● Preisgruppe bis DM 10,–/S 79,–
●● Preisgruppe über DM 10,– bis DM 20,– S 80,– bis S 160,–
●●● Preisgruppe über DM 20,– bis DM 30,– S 161,– bis S 240,–
●●●● Preisgruppe über DM 30,– bis DM 50,– S 241,– bis S 400,–
●●●●● Preisgruppe über DM 50,–/S 401,– *(unverbindliche Preisempfehlung)

Die Preise entsprechen dem Status beim Druck dieses Verzeichnisses (s. Seite 1) – Änderungen, im besonderen der Preise, vorbehalten –

FALKEN

Das richtige Frühstück
Gesunde Vollwertkost vitaminreich und naturbelassen. (0784) Von C. Kratzel, R. Böll, 32 S., 28 Farbfotos, Pappband. ●

Bocuse à la carte
Französisch kochen mit dem Meister. (4237) Von P. Bocuse, 88 S., 218 Farbfotos, Pappband. ●●

Kochschule mit Paul Bocuse
(6016) VHS, 60 Min. in Farbe. ●●●●●*

Der schön gedeckte Tisch
Vom einfachen Gedeck bis zur Festtafel stimmungsvoll und perfekt arrangiert. (4246) Von H. Tapper, 112 S., 206 Farbabbildungen, 21 s/w-Abbildungen, Pappband. ●●●

Servietten dekorativ falten
Geschmackvolle Anregungen aus Stoff und Papier. (0804) Von H. Tapper, 3T S., 134 Farbfotos, Pappband. ●

Cocktails
(4267) Von W. R. Hoffmann, W. Hubert, U. Lottring, 160 S., 164 Farbfotos, 1 s/w-Foto, Pappband. ●●●

Neue Cocktails und Drinks
mit und ohne Alkohol. (0517) Von S. Späth, 128 S., 4 Farbtafeln, kart., ●

Mixgetränke
mit und ohne Alkohol (5017) Von C. Arius, 64 S., 35 Farbfotos, Pappband. ●●

FALKEN-FEINSCHMECKER
Fruchtig, spritzig, eisgekühlt
Mixen ohne Alkohol
(0935) Von S. Späth, 64 S., 44 Farbfotos, Pappband. ●

Cocktails und Mixereien
für häusliche Feste und Feiern. (0075) Von J. Walker, 96 S., 4 Farbtafeln, kart. ●

Die besten Punsche, Grogs und Bowlen
(0575) Von F. Dingden, 64 S., 4 Farbtafeln, kart. ●

Weine und Säfte, Liköre und Sekt
selbstgemacht. (0702) Von P. Arauner, 232 S., 76 Abb., kart. ●●

Mitbringsel aus meiner Küche
selbst gemacht und liebevoll verpackt. (0668) Von C. Schönherr, 32 S., 30 Farbfotos, Pappband. ●

Weinlexikon
Wissenswertes über die Weine der Welt. (4149) Von U. Keller, 228 S., 6 Farbtafeln, 395 s/w-Fotos, Pappband. ●●●

Heißgeliebter Tee
Sorten, Rezepte und Geschichten. (4114) Von C. Maronde, 153 S., 16 Farbtafeln, 93 Zeichnungen, Pappband. ●●●

Tee für Genießer.
Sorten · Riten · Rezepte. (0356) Von M. Nicolin, 64 S., 4 Farbtafeln, kart. ●

Tee
Herkunft · Mischungen · Rezepte. (0515) Von S. Ruske, 96 S., 4 Farbtafeln, 16 s/w-Abbildungen, Pappband. ●

Kinder lernen spielend backen
(5110) Von M. Gutta, 64 S., 45 Farbfotos, Pappband. ●

Kinder lernen spielend kochen
Lieblingsgerichte mit viel Spaß selbst zubereitet. (5096) Von M. Gutta, 64 S., 45 Farbfotos, Pappband, ●●

Komm, koch m
Kunterbuntes K
(4285) Von S. u
von B. v. Hayek
350 Farb- und
●●

Schlank werde
Trennkost
Die bewährten
Summ. (4298)
tafeln, 1 Zeich

Gesund leben
Bio-Kur
(0657) Von S.
kart. ●

SLIM
Der neue, in
(4277) Von F
120 S., 440

Kalorien –
Eiweiß · Fett
nach gebrä
M. Bormio,

Vitamine
So ermittle
(0746) Von
96 S., 6 Fa

Hob
Frei

Aquarell
als Kunst
B. Wersch
nungen,

Die hier vorgestellten Bücher, Videokassetten un

● Preisgruppe bis DM 10,–/S 79,–
●● Preisgruppe über DM 10,– bis DM 20,– S 80,– bis S 160,–

Die Preise entsprechen dem Status beim Druck

Schach für Fortgeschrittene
Taktik und Probleme des Scha
(0219) Von R. Teschner, 96 S.,
gramme, kart. ●

Taktische Schachendspiele
(0752) Von J. Nunn, 200 S., 15
kart. ●●

Die Schach-Revanche
Kasparow/Karpow 1986. (0831
O. Borik, H. Pfleger, M. Kipp-Th
19 s/w-Fotos, 72 Diagramme, k

Schachstrategie
Ein Intensivkurs mit Übungen u
lichen Lösungen. (0584) Von A.
Bearb. von K. Colditz, 212 S., 24
gramme, kart. ●●

Schachtraining mit den Groß
(0670) Von H. Bouwmeester, 12
gramme, kart. ●●

Schach als Kampf
Meine Spiele und mein Weg. (07
G. Kasparow, 144 S., 95 Diagram
9 s/w-Fotos, kart. ●●

Helmut Pflegers
Schachkabinett
Amüsante Aufgaben – überrasch
Lösungen. (0877) Von H. Pfleger,
118 Diagramme, kart. ●●

Die besten Partien deutscher Schachgroßmeister
(4121) Von H. Pfleger, 192 S., 29 s
89 Diagramme, Pappband. ●●●

Lehr-, Übungs- und Testbuch d kombinationen
(0649) Von K. Colditz, 184 S., 227
gramme, kart. ●●

Die hohe Schule der
Schachkombination
(0920) Von W. Golz, P. Keres, 272
522 Diagramme, Pappband. ●●

Offizielles Lehrbuch des Deutscher Schachbundes
Das systematische Schachtraini
Trainingsmethoden, Strategien und
Kombinationen. (0857) Von Sergiu
rian, 152 S., 159 Diagramme, 1 Zeic
kart. ●●

So denkt ein Schachmeister
Strategische und taktische Analysen
(0915) Von H. Pfleger, G. Treppner, 1
75 Diagramme, kart. ●●

FALKEN-SOFTWARE
Das komplette Schachprogramm
Spielen, Trainieren, Problemlösen m
Computer. (7006) Von J. Egger, Disk
C 64, C 128 PC, mit Begleitheft. ●●

Zug um Zug
Schach für jedermann 1
Offizielles Lehrbuch des Deutschen
bundes zur Erringung des Bauerndip
(0648) Von H. Pfleger, E. Kurz, 80 S.,
24 s/w-Fotos, 8 Zeichnungen, 60 Di
gramme, kart. ●

Zug um Zug
Schach für jedermann 2
Offizielles Lehrbuch des Deutschen S
bundes zur Erringung des Turmdiplo
(0659) Von H. Pfleger, E. Kurz, 132 S.
8 s/w-Fotos, 14 Zeichnungen, 78 Dia
me, kart. ●

Die hier vorgestellten Bücher, Videoka

● Preisgruppe bis DM 10,–/S 79,–
●● Preisgruppe über DM 10,– bis DM 2 S 80,– bis S 160,–

Die Preise entsprechen dem Status b

einer größeren Völkerzahl auf dem Bienenstand funktioniert und daher erst für den fortgeschrittenen Imker in Betracht kommt. Man fegt dabei Bienen von vielen Völkern zusammen in einen Schwarmkasten. Wer im Juli mit diesem Verfahren vermehren will, sollte mindestens 2 kg Bienen pro Kunstschwarm abfegen. Der Einsatz eines Siebkastens ist sinnvoll, da so keine Drohnen in den Kunstschwarm gelangen und man gleichzeitig beim Abkehren kontrollieren kann, ob man die Königin mit abgefegt hat. Siebkästen haben ein Absperrgitter über der Kastenöffnung, dessen Maschenweite so klein ist, daß nur die Arbeiterinnen hindurchkönnen. Eine andere Möglichkeit besteht darin, nur Bienen aus Honigräumen abzukehren. Hierbei finden sich natürlich auch keine Königinnen oder Drohnen im Kunstschwarm, allerdings verzichtet man dabei auf die Ammenbienen, die gerade für das erste Brutgeschäft des neuen Ablegers von Bedeutung sind. Der Kunstschwarm im Schwarmkasten wird mit einer Königin im Zusatzkäfig versehen, 1½ oder 2 Tage mit Zuckerwasser in einem dunklen kühlen Raum aufgestellt und anschließend wie ein natürlicher Schwarm behandelt. Die Kellerhaft ist sehr wichtig. Erst durch diese Maßnahme entwickelt sich der Zusammenhalt der bunt zusammengewürfelten Bienen zu einem neuen Volk. Im Gegensatz zum natürlichen Schwarm kann der Kunstschwarm nicht am gleichen Stand wie das Muttervolk aufgestellt werden. Die Flugbienen würden in ihrer gewohten Umgebung zu ihren alten Völkern zurückfliegen, und bald wäre die Königin allein auf weiter Flur im leeren Ablegerkasten. Eine Bannwabe mit offener Brut kann zusätzlich das Kahlfliegen der Kunstschwärme verhindern.

Die Pflege der Jungvölker

Mit dem Zusammenstellen des Ablegers oder der Erstellung des Kunstschwarms ist leider noch nicht gleich ein neues Volk am Bienenstand. Durch Fütterungen in der trachtarmen Zeit muß man die Volksentwicklung in Schwung halten. Andererseits muß man bei starker Tracht aufpassen, daß die Königin für die Eilage genügend freie Zellen im Brutraum findet. Bei Tracht tendieren die Bienen dazu, auch im Brutnest Honig einzulagern, und behindern somit die Volksentwicklung. Der gleiche Effekt tritt bei einer Überfütterung durch den Imker ein, und das Brutnest wird eingeengt. Man muß rechtzeitig neue Mittelwände oder Leerwaben einhängen, um ausreichend Raum zur Verfügung zu stellen. Es sollte sich eher eine Leerwabe zuviel als eine zuwenig im Ablegerkasten befinden.
Stellt sich nach wenigen Tagen heraus, daß der Ableger viele Bienen verloren hat und zu schwach geworden ist, so kann man ihn mit verdeckelten Brutwaben, deren Brut kurz vor dem Schlupf ist, verstärken. Man muß dabei allerdings darauf achten, daß noch genügend Bienen im Ableger vorhanden sind, um die Brut warmzuhalten. Ist dies nicht der Fall, so hilft nur eine Verstärkung mit Bienen. Am besten nimmt man hierzu Jungbienen, die man von offenen Brutwaben abkehrt. Zum Schutz der Königin im Ableger und einer behutsamen Vereinigung der neuen Bienen mit den anderen hat sich in der Magazinimkerei eine Zusatzmethode über Zeitungspapier bewährt. Man sticht dabei mit einem groben Nagel Löcher in ein einzelnes Zeitungsblatt und legt es auf die Zarge mit dem Ableger. Darauf setzt man eine Leerzarge, in die man die Verstärkungsbienen hineinkehrt. Die Bienen fressen sich nun langsam durch das Zeitungspapier zum Ableger durch und vereinigen sich, ohne daß es zu Königinnen- oder Bienenverlusten kommt. Der Ableger sollte bis zum Ende der Saison mindestens sechs bis sieben Waben besetzen, damit er gute Aussichten hat, den Winter zu überstehen.
Früher hörte man häufig den Rat, die Jungvölker durch Reizfütterungen zum Brutansatz zu stimulieren. Inzwischen hat sich jedoch gezeigt, daß es sich hierbei um einen unnützen und unnötigen Arbeitsaufwand handelt. Die Völker sollten zwar gut mit Futter versorgt sein, ein Reizen mit täglichen Gaben kleiner Mengen Honiglösung oder Aufreißen von Futterwaben sollte man jedoch unterlassen. Dies bringt nur Unruhe in das Bienenvolk und ist in keiner

Weise geeignet, die Volksentwicklung zu beschleunigen. Ein gutes Pollenangebot ist jetzt wichtiger, denn die schlüpfenden Bienen sollen gut genährt sein, um bis zum nächsten Jahr zu überleben.

Honigräuber

Die gefürchtetsten Honigräuber in Bienenvölkern sind nicht etwa die legendären Bären, sondern die eigenen Artgenossen: die Honigbienen! Bienen sind äußerst listenreich, wenn es darum geht, Futterquellen zu finden. Wenn ausreichende Trachtverhältnisse vorhanden sind, geht es dabei sehr friedfertig zu. Jede Sammlerin hangelt sich von Blüte zu Blüte, und keine stört die andere. Es ist ja genug für alle da. Zur trachtarmen Zeit ändert sich dies Verhalten jedoch dramatisch. Besonders im Spätsommer kann man überall hungrige Bienen auf der Suche nach Futter finden. Dabei sind sie nicht sehr wählerisch, und ein altes Marmeladenglas erweckt das gleiche Interesse wie das Honiglager des Imkers oder aber auch das Nachbarvolk. Letzteres ist besonders gefährlich. Dem Menschen oder anderen Tieren werden sie dabei nichts Böses tun. Wenn es um den Honig des Nachbarvolks geht, verändert sich das Verhalten der Suchbienen schlagartig. Sind sie sonst duldsam, so setzen sie bei Raubzügen in Nachbarvölkern den Wehrstachel zur Tötung von Artgenossen ein. Dies ist der einzige Fall, in dem Honigbienen durch Aggression und nicht aus einer Verteidigungssituation heraus andere Tiere töten. Dieses Verhalten kann besonders dann ausgelöst werden, wenn Bienen an trachtarmen, heißen Sommertagen in nächster Nähe des Stockes eine Futterquelle finden. Sie fliegen dann zum Volk zurück und dirigieren Nestgenossinnen zur Futterquelle. Da der Futterplatz aber nah ist, werden die Bienen nicht den richtungsweisenden Schwänzeltanz, sondern den Rundtanz vollführen. Die rekrutierten Bienen werden in der gesamten näheren Umgebung auf die Suche nach Nahrung gehen. Ist das benachbarte Volk schwach und hat es nicht ausreichend Wächterbienen am Flugloch, so wird es bald zu einer Räuberei kommen. Wenn der Imker nicht eingreift, kann sie sich auch auf andere Völker am Stand ausdehnen. Nicht selten gehen bei den folgenden Kämpfen ganze Bienenstände zugrunde.

Die erste Regel des Imkers heißt in dieser Zeit: peinliche Sauberkeit am Stand! Unter keinen Umständen dürfen Waben, Kästen, Werkzeug oder Eimer, die mit Honig in Kontakt gekommen sind, auf dem Stand frei herumliegen. Der Schleuderraum und das Honiglager müssen hermetisch verschlossen und bienendicht sein. Eingriffe an den Völkern müssen schnell durchgeführt werden. Offene Völker sind ein ideales Ziel für die Räuberbienen, da die Wächterbienen nur am Flugloch aufpassen. Die Fluglöcher sollten durch eingelegte Keile kleingehalten werden, so daß sich der Nesteingang leicht von wenigen Bienen verteidigen läßt. Auf keinen Fall Brut- oder gar Honigwaben während der Arbeit offen neben das Volk stellen oder zu dieser Jahreszeit mit Bienen besetzte Waben vom einen Volk in ein anderes umhängen. Die Räuberei ist dann vorprogrammiert. Schwache, weisellose Völker am Stand fördern die Räuberei. Sie sind die ersten, die von den stärkeren Völkern ausgeraubt werden. Es ist daher hilfreich, im Spätsommer auf gleich starke Völker zu achten und zeitig im Sommer Unterschiede in der Volksstärke durch Umhängen von Brutwaben auszugleichen.

Am besten bewährt hat es sich, die Arbeit an den Bienen in den frühen Morgen- oder in den späten Abendstunden vorzunehmen. Der Flugbetrieb ist dann eingestellt, und die Gefahr der Räuberei besteht nicht. Wer tagsüber arbeiten muß, hat in der Magazinimkerei die Möglichkeit, einen Räubereikäfig zu benutzen. Dies ist ein mit Gaze bespanntes 1,50 m hohes, tragbares Holzgestell. Das Gestell hat eine Grundfläche von 2 x 2 m und ist nach oben offen, um die Arbeit zu erleichtern. Die Räuberbienen nähern sich meist auf Fluglochhöhe und haben durch das Gitter keine Chance. Das Gitter kann allerdings nur bei einzelnen Magazinen mit Freiaufstellung benutzt werden. Wer Bänke oder Stände für die Magazine hat, kann den Käfig nicht zum Einsatz bringen.

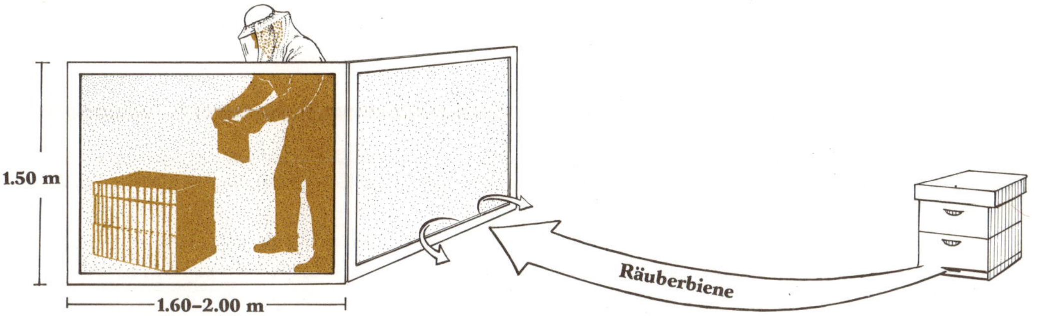

Mit einem Räubereigitter kann man tagsüber an den Bienen arbeiten, auch wenn die Gefahr einer Räuberei besteht. Die Räuberbienen finden nicht den Weg zum bearbeiteten Volk

Ist erst einmal eine Räuberei ausgebrochen, so ist es oft schwer, sie wieder unter Kontrolle zu bringen. Das Flugloch des ausgeräuberten Volks sollte geschlossen werden. Das Versprühen von Wasser führt dazu, daß die Räuberbienen ihre Flugaktivität reduzieren. Wenn man den Räuber erkannt hat, ist es am besten, ihn vom Stand zu entfernen und ihn außerhalb des Flugradius des Volks (5–7 km) wieder aufzustellen. Oft muß man den Stand auflösen und die Völker verstellen, um zu retten, was noch zu retten ist. Wer im Bienenhaus imkert, hat es bei einer Räuberei besonders schwer. Die große Ballung von Völkern auf kleinem Raum ist der Räuberei sehr förderlich; ein Verstellen ist oftmals nicht möglich.

Ist die Räuberei nur auf ein Volk begrenzt, so genügt es, dieses Volk auf einen mindestens 5 km entfernten Stand zu stellen. Andernfalls fliegen die Räuberbienen wieder zu ihrem Volk zurück und rekrutieren nun per Schwänzeltanz auf das auszuraubende Volk. Es empfiehlt sich auch, einen leeren Kasten am Platz des ausgeraubten Volks aufzustellen. Die Raubbienen würden sonst an Nachbarvölkern suchen, und die Räuberei würde erneut aufflammen.

Das beste vorbeugende Mittel gegen die Räuberei ist eine reichhaltige Tracht. Wenn die Bienen beschäftigt sind, kommen ihnen keine dummen Gedanken. Wer eine Spättracht (z. B. Heideblüte) anwandern kann, wird daher mit einer Räuberei nur wenig Probleme haben.

Spätsommer und Herbst

Die Spätsommer- und Herbstarbeiten sind wieder von besonderer Bedeutung für das Bienenvolk, denn es muß auf den langen Winter vorbereitet werden und soll im nächsten Frühjahr einen guten Start in die Frühtracht haben. Nach der Sommersonnenwende im Juli, August und September werden im Bienenvolk schon die langlebigen Winterbienen erzeugt. Von ihnen wird es abhängen, wie das Volk sich im nächsten Frühjahr entwickelt. Die Winterbienen zeichnen sich durch einen wohl angelegten Eiweißfettkörper aus. Eine gute Pollenernährung ist daher das zentrale Problem der Imkerei im Herbst. Versäumnisse im August werden sich spätestens im März in Form von schwachen oder gar toten Völkern dokumentieren.

Die Spätsommernachschau sollte sinnvollerweise mit einer detaillierten Bestandsaufnahme der Bienenvölker verbunden sein. Es sollte auf Volkstärke, Brutmenge, Königin und Krankheiten kontrolliert und entschieden werden, welche Völker überwintern sollen. Schwache und weisellose Völker sollten anderen Völkern zugegeben werden. Das Zusetzen von neuen Königinnen ist in dieser Zeit äußerst schwierig, und man hat hohe Verlustraten beim Einweiseln. Zudem sind die Brutlücke und der Mangel an Winterbienen bereits nach wenigen Wochen Weisellosigkeit kaum noch aufzuholen. Es ist daher meist wenig erfolgversprechend zu versuchen, solche Völker noch zu retten. Ist ein Volk bereits so lange weisellos, daß legende Arbeiterinnen im Volk vorhanden sind und Drohnenbrut produzieren, sollte man auch bei der Vereinigung mit anderen Völkern vorsichtig sein. Die Bienen betrachten die legenden Arbeiterinnen häufig als Königinnenersatz und fühlen sich nicht weisellos. Beim Vereinigen führt dies meist zum Abstechen der Königin. Oft stellt das Abtöten der Völker mit legenden Arbeiterinnen die einzige Lösung dar.

Das Winterfutter

Da der Imker den Bienen den Honigvorrat gestohlen hat, muß er ihnen einen entsprechenden Futterersatz anbieten, damit sie den Winter überleben können: Zucker. Ein gutes Geschäft, solange der Zuckerpreis niedriger ist als der Honigpreis. Bei der Einfütterung sind einige Vorsichtsmaßnahmen zu beachten. Auf jeden Fall sollte man, um eine Räuberei zu vermeiden, alle Völker des Standes am gleichen Tag in den Abendstunden füttern und möglichst sauber arbeiten.
Obwohl mit festem Futter in Form von Zuckerteig (Teig aus Puderzucker und Honig) sauber gearbeitet werden kann, sollte es bei der Wintereinfütterung nicht zum Einsatz kommen. Die Bienen können festen Zuckerteig nur verarbeiten, wenn die Möglichkeit besteht, Wasser zu holen. Man gibt den Bienen hierbei also eine zusätzliche unnötige Aufgabe, die lebensverkürzend wirkt. Zudem ist es ihnen bei kühler Witterung oft nicht möglich, auszufliegen und Wasser zu sammeln.
Am besten füttert man mit einer Zuckerlösung, die allerdings eine ordentliche Zuckerkonzentration aufweisen sollte, um den Bienen das Eindicken zu erleichtern. Zu hoch darf die Konzentration allerdings auch nicht sein. Dann leidet die sogenannte Invertierung (Wandlung des Fruchtzuckers in Traubenzucker), und das Futter wird über den Winter auskristallisieren; auf kristallinen Futtervorräten ist schon manches Bienenvolk bei der Überwinterung verhungert.
Bewährt hat sich eine Zuckerlösung im Verhältnis 1:1 bis 3:2 (Zucker zu Wasser). Die 3:2 Lösung entspricht in etwa einer gesättigten kalten Zuckerlösung. Man erhält sie, indem man zum kristallinen Zucker soviel Wasser gibt, daß nachher der Zucker gerade vom Wasser bedeckt ist (1–2 cm). Man rührt dann kräftig um, bis sich der Zucker gelöst hat. Der untenstehenden Tabelle kann man entnehmen, wieviel Sirup man aus den entsprechenden Zucker-Wasser-Ansätzen erhält. Wer seine Zuckerlösung nicht selbst anrühren möchte, kann auch von der Zuckerindustrie gebrauchsfertigen Futtersirup kaufen.

Verhältnis	Zucker (g) +	Wasser (l)	Liter fertige Lösung
2 : 1	900	0,45	1,1
3 : 2	800	0,53	1,2
4 : 3	750	0,56	1,3
1 : 1	630	0,63	1,7

Von Bedeutung ist, wieviel von der angebotenen Zuckerlösung die Bienen nun tatsächlich als Winterfutter einlagern. Dies ist nämlich bei weitem nicht die Gesamtmenge, da ein beachtlicher Teil offensichtlich gleich bei der Abnahme im Volk verteilt wird.
Für ein Zehnwabenvolk muß man mit etwa 20 kg Winterfutter rechnen. Dies beinhaltet die Honigvorräte, die man dem Volk noch belassen hat. Je größer der eigene Honigvorrat noch ist, um so geringer darf die zugefütterte Zuckermenge sein. Je nach Wabenmaß enthält eine verdeckelte Honigwabe zwischen 3 und 4 kg Honig. Die Futterkränze um das Brutnest müssen entsprechend abgeschätzt werden. Noch offene Futterzellen werden nur halb gerechnet, da hier der Zuckergehalt noch nicht hoch genug ist. Bei der Einfütterung kann man einem Bienenvolk getrost 5 kg Zucker pro Woche zumuten. Es benötigt nur wenige Tage für die Aufnahme und Verarbeitung dieser Futtermenge.
Es gibt mehrere Möglichkeiten, die Zuckerlösung zu verfüttern. Viele Beutensysteme haben spezielle Futtergeschirre, mit denen sie gereicht werden kann. Die mitgelieferten Futtersysteme

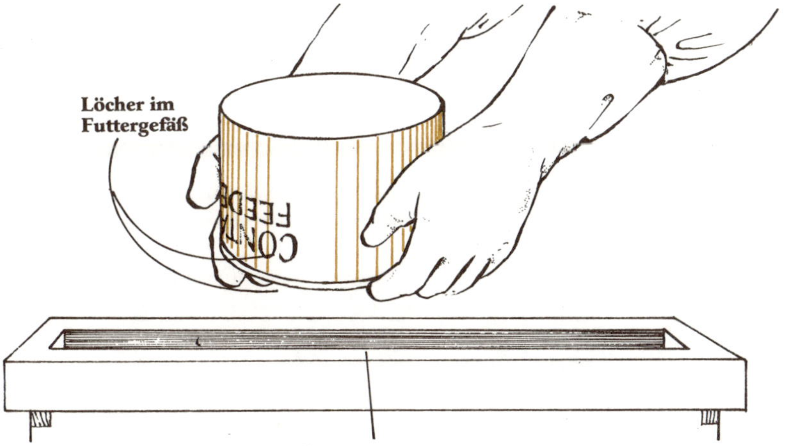

Aufsetzen einer Futterdose. Man muß vorher prüfen, daß die Löcher im Deckel nicht zu groß sind und die Zuckerlösung von selbst herausläuft

haben den Vorteil, daß sie meist gut für das jeweilige Beutensystem geeignet sind und man sauber arbeiten kann. Die einfachste Lösung kann man wieder in der Magazinimkerei realisieren. Sie besteht darin, den Deckel einer mit Zuckersirup gefüllten Dose mit einem Nagel an einigen Stellen zu durchlöchern und die Dose mit den Löchern nach unten auf die Waben im Honigraum zu stellen. Man stellt die Futterdose in eine aufgesetzte Leerzarge, die man mit dem Beutendeckel abdeckt. Es kann somit zu keiner Räuberei durch auslaufendes Futter auf dem Deckel kommen, wie dies bei manchen Futtergeschirren älterer Bauart nicht vermieden werden kann. Besonders elegant sind solche Magazine, die die Futterkammer bereits im Deckel integriert haben. Solche Systeme haben sich auch in kommerziellen Mammutimkereien Australiens durchgesetzt. Der Imker fährt dort mit einer Art Tanklastzug zum Bienenstand und betankt, ganz ähnlich wie der Autofahrer sein Auto an der Tankstelle, mit einer Zapfpistole seine Bienenvölker mit Zuckerlösung. Der Hobby-Imker soll sich nun natürlich keinen Tanklastwagen anschaffen, aber auch für ihn hat so ein System Vorteile, da man sich nicht mehr um rostende Futtergeschirre, Futtereimer und Dosen kümmern muß.

Eine andere Möglichkeit zur Flüssigfütterung besteht darin, das Futter in eingehängten Wabentaschen anzubieten. Dies hat allerdings den Nachteil, daß man Waben aus der Beute entfernen muß, die dann später fehlen, wenn man die Wabentaschen wieder herausnimmt. Generell scheint die Fütterung über Wabentaschen eher bei der Ablegerbildung sinnvoll als bei der Winterauffütterung von Vollvölkern.

Wer im Spätsommer noch eine Waldtracht geerntet hat, sollte auch die Honigwaben im Brutraum entfernen. Der Waldhonig ist als Winterfutter weniger geeignet, da er durch seine Ballaststoffe den Darm der Bienen stark belastet. Die Arbeiterinnen müssen bei einem langen Winter dann in der Beute abkoten, was zu schlimmen Erkrankungen führen kann.

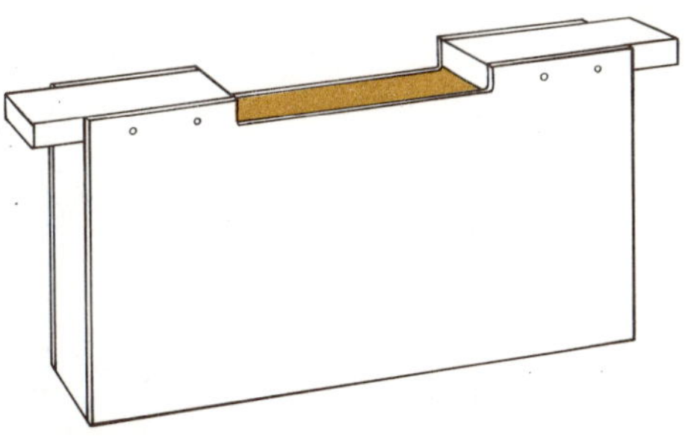

Futtertasche zur Fütterung ohne Verwendung einer Futterzarge

Das Einwintern

Nachdem die letzte Charge Zuckersirup verfüttert wurde, wartet man noch 1 Woche, um die Völker dann endgültig auf die Überwinterung vorzubereiten. Moderne Beutensysteme benötigen während des Winters keine zusätzlichen Verpackungen. Wer dennoch eine zusätzliche Isolation anbringen will, sollte insbesondere die Beutenoberseite isolieren. Hier ist der größte Wärmeverlust zu erwarten. Verengungen des Fluglochs zur Vermeidung der Räuberei sollten entfernt werden, um eine genügende Ventilation während der Wintermonate zu gewährleisten. An den ersten warmen Tagen im Frühjahr kann eine ungenügende Lüftung fatale Folgen haben. Die Bienen reagieren sehr sensibel auf Sauerstoffmangel, werden unruhig und versuchen stärker zu ventilieren, verbrauchen mehr Sauerstoff, werden noch unruhiger, verbrauchen noch mehr Sauerstoff und ersticken schließlich an Sauerstoffmangel. Sie produzieren dabei soviel Wärme, daß die Waben schmelzen und mit den toten Bienen am Boden einen scheußlichen Brei bilden. »Verbrausen« nennt der Imker dieses Verhalten, das durch Wärme gefördert wird und in ungenügend ventilierten Beuten insbesondere bei Sommerwanderungen ein Problem darstellt. Ein Gitter mit einer Maschenweite von 8 mm sollte vor dem Flugloch angebracht werden. Mäusen und anderen Kleinnagern wird dadurch der Zutritt zum Nest verwehrt.

Leere Waben sollte man aus dem Volk herausnehmen und das Volk durch Schiede entsprechend einengen. Große Leerräume in der Beute sind ungünstig für den Wärmehaushalt des Volks. Sie sollten durch Isoliermaterial ausgefüllt werden.

Unbedingt empfehlenswert ist es, eine Gemüllunterlage einzulegen. Aus dem Gemüll kann man zahlreiche Informationen über den Volkszustand ziehen. Starker Totenfall, Krankheiten, Parasiten und Schädlinge können über die Gemülldiagnose sicher identifiziert werden. Die Gemüllunterlage läßt sich insbesondere bei Magazinen mit erhöhtem Unterboden zweckmäßig einsetzen. Man kann die Unterlage dann mit einem Gitter überdecken. Die Bienen können heruntergefallene Teile nicht von der Unterlage entfernen, so daß man auch Informationen über den Schweregrad z. B. einer Milbeninfektion erhalten kann. Die Unterlage sollte nicht durch Feuchtigkeit quellen oder sich zusammenrollen. Schon manchem Volk sind falsche Bodeneinlagen zum Verhängnis geworden. Feuchte Pappe rollt sich beim Trocknen leicht zusammen und kann dadurch in ungün-

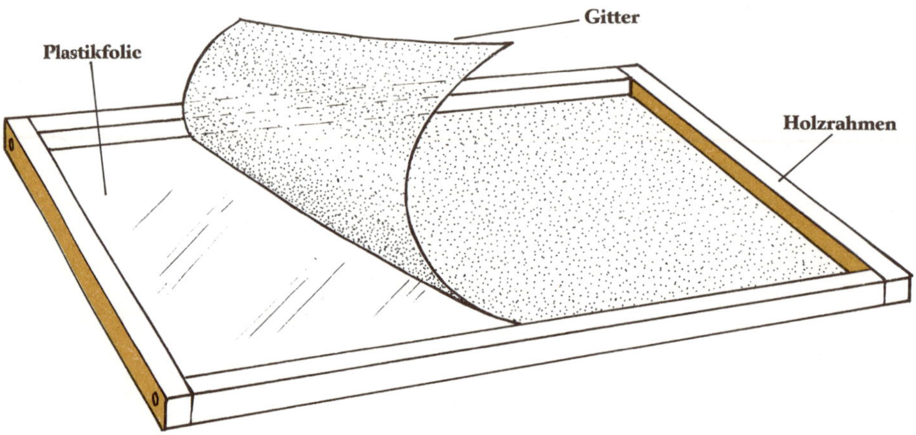

Bodenunterlagen sind insbesondere für die Diagnose von Bienenkrankheiten von Bedeutung

stigen Fällen das Flugloch verstopfen. Solche Mißgeschicke sollte man auf jeden Fall vermeiden. Die besten Werkstoffe für die Beuteneinlagen sind dünne weiße Kunststoffolien, die bei Kälte nicht zerbrechen. Der Imkereihandel bietet inzwischen fertige Gemülleinlagen an, die bereits mit einem entsprechenden Gitter versehen sind.
Hat man die Völker sorgfältig vorbereitet, so hat der Imker nur noch die Pflicht, auf den Beginn des Winters zu warten. Gelegentliche Kontrollen des Bienenstands und der Fluglöcher schaden jedoch nicht. Schädlich ist jetzt jegliche Störung, die die Bienen in unnötige Erregung versetzt. Sie verbrauchen dadurch nur Energie und Winterfutter und müssen ihren Temperaturhaushalt neu regulieren. Aber dies entspricht der generellen Regel der Imkerei, daß man nur so viele Eingriffe wie eben nötig durchführt. Jeder Eingriff erhöht das Risiko, daß man die Königin verliert oder quetscht. Jeder größere Eingriff führt zu einer mehrstündigen Einstellung der Eilage der Königin und geht auf Kosten der Volksentwicklung.

Winter

Bei zurückgehenden Temperaturen zu Beginn des Winters bildet sich das Brutnest schnell zurück. Die Bienen ziehen sich zur Wintertraube zusammen. Sie benötigen während der Winterruhe kaum Energie, obwohl sie im Zentrum der Traube eine Temperatur von etwa 30° Celsius halten. Sie regulieren die Temperatur hauptsächlich durch die Dichte der Bienen in der Traube. Die einzelne Biene produziert dabei meist nicht aktiv Wärme durch Muskelzittern. Die Wärme, die beim Ruhestoffwechsel entsteht, reicht meist aus, um den Wärmehaushalt zu regulieren. Nur in extremer Kälte muß das Volk aktiv Wärme produzieren. Dabei können sogar Temperaturen bis zu −80° Celsius über mehrere Tage hinweg überstanden werden. Dies kostet dann enorme Energie, und die Bienen auf der Traubenaußenseite sind erfroren.
Besonders interessant ist, wie die Bienen die Waben als zusätzliches Isolationsmaterial benutzen. Die mit Bienen besetzte Wabe hat nämlich einen fast dreifachen Isolationswert, verglichen mit der getrennt gemessenen Isolation der Bienen und der Waben. Messen wir auf der Wabenaußenseite 8° Celsius, so kann man auf der anderen mit Bienen besetzten Wabenseite 33° Celsius messen. Das Verhalten der Bienen macht es möglich. Sie schließen die Zellen mit ihrem Körper ab, so daß die Luft darin als zusätzliches Isolationspolster funktioniert.
Ein guter Standort kann den Bienen bei der Überwinterung nützlich sein. Wichtig ist, daß kalte Luft am Standort abfließen kann und Sonneneinstrahlung und ausreichender Schutz vor Wind gegeben sind. Besonders das Flugloch sollte vor Wind geschützt sein. Eine südliche Hanglage, umgeben von einer früh blühenden Weidenhecke, wäre als absolut idealer Überwinterungsplatz anzusehen, bei dem auch gleichzeitig im Frühjahr eine gute Pollentracht zu erwarten ist.
Das Verpacken der Bienenvölker während des Winters hat eher einen psychologischen Effekt für den Imker als eine tatsächlich biologisch wirksame Funktion für das Bienenvolk. Die Isolation innerhalb der Beute ist wesentlich wichtiger und effizienter, als die Beutenwand es jemals sein kann. Die mit Bienen besetzten Waben isolieren besser als ein 20 cm dickes Mauerwerk und genügen als Isolation. Ob man nun noch ein wärmendes Wolldeckchen über den Kasten legt, ist daher völlig unbedeutend. Ein eindrucksvolles Experiment zeigte, daß sogar Bienenvölker in Beuten mit Seitenwänden aus Drahtgaze den harten Winter Nordamerikas überlebten. Dies muß man nun natürlich nicht unbedingt nachahmen. Die Beute sollte auf jeden Fall zugfrei stehen und nur solche Luftbewegungen zulassen, die von den Bienen durch Fächeln erzeugt werden. Die Verpackung erhöht zwar den Isolationswert der Beute, dies hat jedoch keinerlei Effekt auf den Temperaturhaushalt des Volks, geschweige die Überwinterungseigenschaften.
Wesentlich für die erfolgreiche Überwinterung ist die Luftfeuchtigkeit in der Beute. Bei hoher Feuchte ist der Isolationswert der Luft gering und der Wärmeverlust stark. Auf keinen Fall

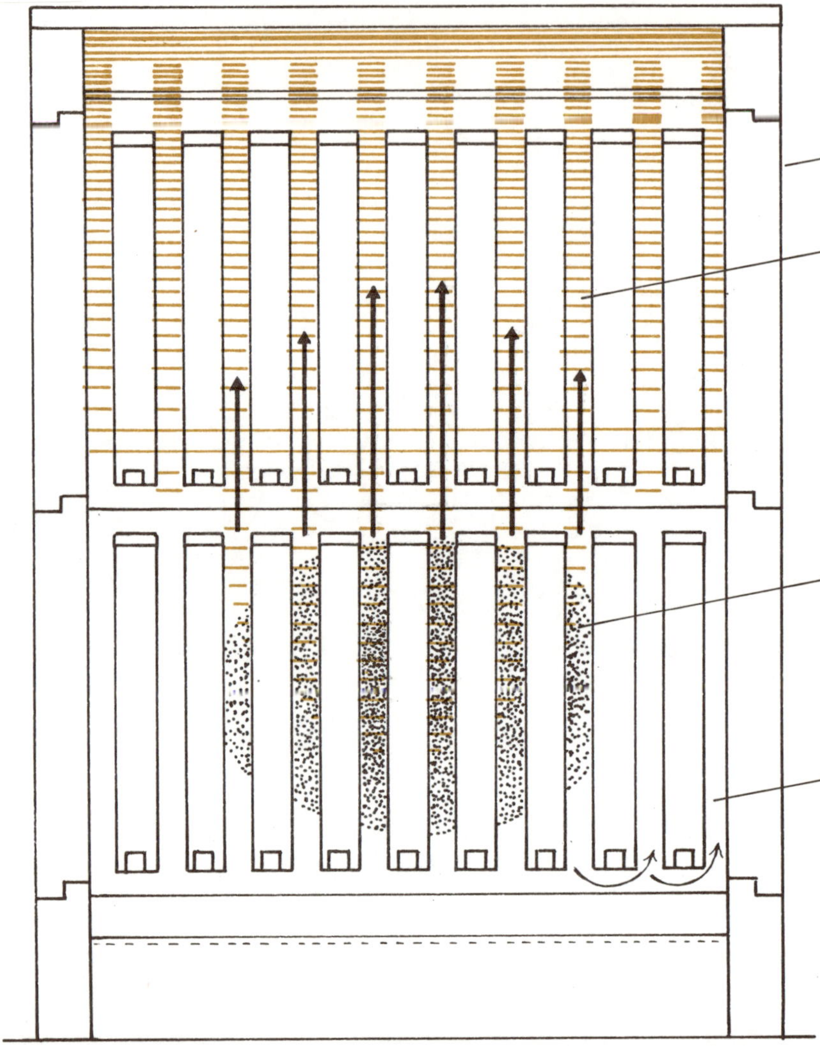

Die Wintertraube darf nicht den Kontakt zum Futter verlieren. Man sieht aus der Abbildung, daß es für die Bienen leicht ist, nach oben zu wandern. Futterwaben an der Seite sind hingegen nur mit großem Aufwand zu erschließen, da die Bienen um die Waben herum in kalte Beutenbereiche laufen müssen

darf sich am Deckel der Beute Kondenswasser bilden und dadurch die Wintertraube regelmäßig befeuchtet werden. Aus diesem Grund kann es sich lohnen, die Völker von oben durch Einlegen von Isolationsmatten unter dem Deckel zu isolieren. Eine zu dichte Verpackung kann leicht zu Feuchtigkeitsproblemen führen. Man sollte bei der Überwinterung bedenken, daß die Beute schon eine äußerst exklusive Behausung für die Bienen darstellt. In freier Wildbahn haben sie seit vielen Millionen Jahren in zugigen Höhlen überdauert und ihre Überwinterungsstrategien angepaßt.

Das Hauptproblem für das Bienenvolk während der Überwinterungsphase ist, daß der Kontakt zur Energiequelle, dem Winterfutter, nicht abreißt. Im Verlauf des Winters wird sich also die gesamte Traube in ihrer Lage verändern und dem noch unverbrauchten Futter nachwandern. Die Lageveränderungen, die senkrecht zur Wabenorientierung stehen, sind aufwendiger als solche parallel zur Wabenausrichtung. Eine Bewegung von unten nach oben z. B. ist in den meisten Beuten leicht möglich. Eine Verlagerung der Traube von vorne nach hinten in Warmbaubeuten ist hingegen sehr aufwendig, da die Bienen um die Waben herumlaufen müssen und dabei in unterkühlte Zonen geraten. Besonders in langen Trog- oder Lagerbeuten kann der Kontakt zum Futter besonders leicht abreißen.

Die meisten Winterverluste durch Verhungern sind auf zu wenig Winterfutter oder falsch plaziertes Futter in der Beute zurückzuführen. Man sollte daher bei der Einfütterung eher großzügig sein. In den nördlichen Staaten der USA beläßt man den Völkern einen Vorrat von 40 kg Futter. Allerdings sind die Winter dort in der Regel härter und die Völker meist stärker, als sie bei uns je werden.

In der Magazinimkerei hat man die Möglichkeit, den Weg der Wintertraube zum Futter zu lenken. Damit kann man verhindern, daß der Kontakt zum Futter abreißt. Dies empfiehlt sich allerdings nur für den erfahrenen Imker, der eine ruhige Hand im Umgang mit den Waben hat. Durch Anheben der oberen Futterzarge kann man schnell sehen, ob die Traube sich nach oben orientiert hat oder noch im Brutraum verharrt. Befinden sich die Bienen ausschließlich in der unteren Zarge, so besteht die Gefahr, daß die Traube den Kontakt zu den Futterreserven verliert, und der Imker sollte eingreifen. Man sollte zwei Waben mit Brut aus dem unteren Raum nach oben verhängen. Es ist dabei darauf zu achten, daß auf jeden Fall der Kontakt zwischen den Bienen erhaltenbleibt. Man entnimmt dem Honigraum die Randwaben und rückt die anderen auseinander, so daß in der Mitte Platz für die Brut entsteht. Unten rückt man die Waben entsprechend zusammen und hängt die beiden Honigwaben, die man der oberen Zarge entnommen hat, außen in die untere Zarge ein. Die Traube wird sich innerhalb weniger Stunden bereits nach oben verlagert haben, auch wenn die Honigwaben links und rechts der Brut noch sehr kühle Temperaturen aufweisen. Alle Manipulationen müssen hierbei äußerst schnell, sicher und akkurat durchgeführt werden. Bienen, die den Kontakt zur Traube verlieren, werden in der Kälte erstarren und eingehen. Berufsimker in den USA führen diese Maßnahme sogar bei −18° Celsius durch. Die Kontrolle sollte allerdings frühestens Mitte Januar erfolgen. Vorher ist sie sinnlos, da in der unteren Zarge ausreichend Futter vorhanden ist. Wer nicht mit Magazinen imkert, sollte im Winter bei Minustemperaturen Eingriffe in das Bienenvolk gänzlich unterlassen. Die Schäden, die gesetzt werden, sind meist größer als der Nutzen, das eine oder andere Volk vor dem Verhungern zu retten.

Der nächste Sommer kommt bestimmt!

Während sich die Bienen überlegen, wie und wohin sie ihre Wintertraube verlagern, hat der Imker Zeit, sich um andere Dinge zu kümmern. Obwohl in der Winterzeit nicht so viele Arbeiten notwendig sind wie zu den übrigen Jahreszeiten, gibt es reichlich zu tun. Wenn auch nicht direkt an den Bienen ausgeführt, so ist diese Arbeit dennoch von großer Bedeutung für die Imkerei.

Der Winter ist die Jahreszeit, in der der Imker sein Gerät für die neue Saison vorbereiten muß. Der Wabenbestand sollte gesichtet und alte Waben ausgesondert werden. Man sollte das Wachs ausschneiden und entweder selbst verarbeiten oder bei einem Bienenwachs verarbeitenden Betrieb gegen Mittelwände eintauschen. Honig- und Pollenwaben sollten von Leerwaben getrennt werden. Gerade die Pollenwaben sind besonders wertvoll, wenn es im Frühjahr zu einer Pollenknappheit kommt. Man sollte hier pro Volk ein oder zwei Waben in Reserve haben. Sie sollten kühl und trocken gelagert werden, ansonsten ist die Gefahr des Schimmelpilzbefalls hoch. Zur Bekämpfung der Wachsmotten (siehe Seite 96 f.) und der Nose-

masporen (siehe Seite 121 f.) sollte man die Waben den Dämpfen 60%iger Essigsäure aussetzen. Man füllt die Essigsäure entweder in kleine Fläschchen mit Verdunstungsdocht oder in flache Schalen mit einer großen Oberfläche. Man sollte nicht vergessen, bei der Arbeit mit Essigsäure eine Schutzbrille aufzusetzen.
Die alten Rähmchen werden aus hygienischen Gründen in heißer, 2prozentiger Natron- oder Kalilauge ausgewaschen. Dies verhindert die Übertragung von Krankheitskeimen. Man benutzt am besten einen alten Waschkübel oder eine ausgediente Badewanne. Die Rähmchen werden etwa 1 Minute mit einem Stock untergetaucht, dann mit einer Zange aus dem Bad herausgeholt und mit viel Wasser abgespült. Auch hier muß man unbedingt auf die notwendigen Schutzmaßnahmen achten. Eine feste Kunststoffschürze, Gummihandschuhe und Schutzbrille sind das mindeste, was man bei diesen Arbeiten trägt. Im Arbeitsraum muß für eine sehr gute Belüftung gesorgt sein. Am besten man führt die Arbeiten bei schönem Wetter im Freien durch. Die Laugendämpfe stören dann am wenigsten.
In der Magazinimkerei gilt es, die Zargen für Honigräume der nächsten Saison zu säubern. Man befreit sie mit dem Stockmeißel von groben Wachsresten und wäscht sie mit 5–10 prozentiger Salmiaklösung aus. Dies löst das Kittharz. Die Absperr- und Wandergitter reinigt man mit einer Stahlbürste, am besten bei niedrigen Temperaturen, wenn Wachs und Kittharz hart und spröde sind. Anschließend kann man sie in warmem Wasser noch einmal reinigen. Auf jeden Fall muß man sie danach gründlich trocknen, um Rostbefall zu vermeiden. Der Hinterbehandlungsbeutenimker wird seine leeren Beuten und die Ablegerkästen durchsehen. Alle leeren Beuten sollten entweder in einem trockenen, abgeschlossenen Raum gelagert oder gut nach außen verschlossen werden. Mäuse überwintern hier gerne. Im Frühjahr nisten sich häufig Hummeln oder Wespen in den leeren Beuten ein. Die Nester werden dann meist vom Imker zerstört, was angesichts der wichtigen ökologischen Funktion dieser Insekten nicht begrüßt werden kann. Der umweltbewußte Imker sollte Nistmöglichkeiten schaffen, nicht zerstören. Wespen und Hummeln stellen für gesunde Bienenvölker keine Gefahr dar und werden daher zu Unrecht von Imkern verfolgt.
Die Winterzeit gibt auch Gelegenheit, die Beuten mit einem neuen Anstrich zu versehen. Eventuell giftige Farbdämpfe sind bis zur nächsten Tracht mit Sicherheit verflogen und stellen somit keine Gefahr für die Bienen und den Honig dar. Wer in seinen Beuten mit Holzwurmbefall zu kämpfen hat, kann mit Essigäther gute Erfolge in der Bekämpfung erzielen. Im Bienenhaus sollte man diese Arbeiten allerdings vorsichtig verrichten. Leicht übertragen sich Erschütterungen über den Holzboden auf die Völker, die dadurch in ihrer Winterruhe gestört werden können.

Weihnachtszeit – Wachszeit

Imkerei muß nicht nur Arbeit mit den Bienen, Beuten und Rähmchen bedeuten, sondern sollte auch die Verarbeitung der Bienenprodukte beinhalten. Gerade wer die Arbeit mit Bienen als Freizeitausgleich gewählt hat, wird hieran viel Freude haben. Die Winterphase des Bienenvolks kann man z. B. auch als willkommene Pause zu Wachsarbeiten nutzen, die zu einem beachtlichen Nebenertrag führen können. Die Anfertigung von Kerzen und anderen Wachsartikeln stellt gerade zur Vorweihnachtszeit zum einen eine interessante und kreative Tätigkeit dar, zum anderen verkaufen sich solche Artikel (z. B. auf Weihnachtsmärkten) besonders gut. Die Arbeiten können dabei von der einfachen Bienenwachskerze aus einer gerollten Mittelwand bis zu künstlerisch wertvollen Figuren und Reliefs führen. Man gießt dabei das flüssige Wachs in gut angefeuchtete Formen und läßt es erkalten. Auch das Ziehen von Kerzen kann an langen Winterabenden zu einer schönen vorweihnachtlichen Beschäftigung werden. Während der Imker im übrigen Jahr mit seinen Bienen in den meisten Fällen allein auf weiter Flur steht, hilft die Familie bei diesen Arbeiten gerne und häufig mit großem Enthusiasmus mit.